主体的・対話的で
深い学びをつくる！

教師と子どものための
体育の「教科書」
高学年

鈴木直樹・石井卓之 編著

全領域の
学習プリント＆学習カードを収録

明治図書

はじめに

　私は体育科教育学を専門にしており，大学では初等体育科教育法を担当しております。授業の冒頭で，必ずといってよいほど，小学校体育に教科書が存在していない理由について取り上げます。体育が子どもの実態に基づいた授業づくりをしなければならず，子どもの実態は学校間のみならず，クラス間でも多様であり，例え学年が同じであっても同じ活動を使って，同じ内容を教えることは難しいと考えられることを話しています。しかし，この大前提は教科書の内容“を”教えるという立場に立っており，教科書の内容“で”教えるという立場には立っていないのではないかと疑念をもちました。そこで，「世界の国々では体育の教科書はあるのだろうか？」「日本では，教科書の代わりに使用されることがある体育の副読本はどのように使用されているのだろうか？」と疑問に思うようになりました。

　このような問題意識に立ち，2018年度に，中央教育研究所より教科書研究奨励金を得て，副読本を採用し，使用している地区の教師の活用の実態とその意識を調査することで，今後の体育における情報提供のあり方について検討を行いました。そして，日本において副読本を活用している教師の実態と意識を中心に調査した上で，他国との比較検討をしながら，体育学習における教科書・副読本の情報提供について検討してきました。その結果，以下のようなことが明らかになりました。

> 　どの国においても教科書は，児童の為のものというよりは，教師の為のものとして位置づいている実態を見出すことができた。また，それは国で一定の政策が示される場合，基準の具体的な例として提示されるものとして解釈される傾向にあり，教師の目標を示すものになっているともいえる。さらに，教科書の利活用のポイントは，教師の意思決定により情報を適切に取捨選択し，児童に提供することであって，児童自身が教科書を活用しながら学ぶという視点は希薄であることが明らかになった。日本での結果ではあるが，有効な利用をするためには，教師としての力量形成が必要であり，初任期の教師にとって活用は難しいのが現状であった。これは，教科書があれば誰でも同じような授業ができるという考えとは逆に，教科書の使用には教師としての専門性が求められることを示唆するものであった。
>
> 　この理由について，教科書の積極的な使用ができていない点と，情報が技能や知識に偏りすぎている点があげられる。児童の実態に即して学ぶ体育では活動は多様であり，むしろ学び方を教科書では提示していく必要があると考えられる。また，教師や児童が，教科書や副読本の内容をベースにして工夫できる活動が示される必要がある。さらに，学習の記録を残すなど，教科書の内容と学びの履歴が対応していくことで，活用可能な教科書になると考えられる。
>
> *鈴木直樹・鄭英美・佐藤貴弘・楊磊明（2019）小学校体育における教科書（副読本）*
> *活用の実態と意識に関する調査研究—日米中韓の国際比較から—. 中研紀要「教科書フォーラム」No.20*

　研究で明らかになったように，副読本は十分に活用されていない実態を見いだすことができました。教科書として発行されている国においても十分に体育の教科書が活用されていないこ

とが明らかになりました。これは，副読本に掲載されている情報が，授業実施上，適切ではないことが原因であると考えられました。また，副読本が一定程度の授業実践を保証する為に必要であると考えられている一方で，熟練教員の方が活用しているという状況からは，初任期の教員にとって使いにくくなっていることが示唆されました。このような実態をふまえ，教科書に掲載する内容をより真正なものとすることで，教師にとっても，子どもにとっても有効に活用できる「教科書」になると考えました。このような研究成果に基づき，実際に授業で活用可能な「教科書」を作成したものが本書です。

「体育の教科書」の使用方法

　体育をよりよく指導するために使える書籍が本書です。中心的な内容となる「体育の教科書」には，「教師用の内容」と「子ども用の内容」を含めています。それらに加えて，「理論編」「資料」の内容を追加し，教科書を使用する教師にとって基礎的な知識を提供し，体育カリキュラムの作成や体育経営に役立てることができるように構成しています。

　「体育の教科書」における「教師用の内容」は，授業を実施する教師に，単元づくりをする際に参考にしてほしい内容です。また，実際の指導にも役立てて頂きたいと願っています。そこで，授業づくりにあたり，ここを読みながら授業構成をするとともに，授業実践を進めながらここを読み返し，授業評価を行い，授業改善を実施して頂きたいと願っています。

　「子ども用の内容」は，本書の核ともなる内容です。この内容は，「教師用の内容」と深い結びつきをもっています。そして，このページは，実際に，授業中に子どもたちが活用して学びを深めることをイメージしています。また，多様な子どもたちに対応できるように，必要な部分だけをコピーして印刷して配布できるように構成しています。全てのページをコピーして渡す必要はありません。単元構成に応じて，情報を加除した上で，オリジナルの配布資料を作成し，「体育の教科書」として授業で活用してもらえればと思います。そんな応用可能性が高い情報を掲載するように心がけました。本書が目指すのは，新しい時代を支える体育を実現する上で，教師や子どもを助ける情報の提供です。そのために，長い時間をかけて，実践現場の先生方と大学の教員が協働しながら本書を書き上げました。ぜひ，本書を活用し，「主体的・対話的で深い学び」を実現させてほしいと切に願っております。

　なお，本書では，体育の全領域を扱っていますが，書き込みのプリントを多く収録するなど，子どもたちに考えさせる形で学びを進めていくため，活動例を示すことが主となる体ほぐしの運動の内容は扱いませんでした。その他の領域については，学習指導要領に示されている内容に関して「運動の楽しさ・喜び」を中心として，夢中になって運動に取り組む中で学びを深めることができる構成としています。歓喜溢れる体育の学びの場を実現するための資料として本書をお使い頂ければ幸いです。

　2020年8月

編者代表　鈴木 直樹

Contents

器械運動

陸上運動

水泳運動

ボール運動

表現運動

3章 体育授業をもっと充実させる！ ステップアップの指導スキル

1 章

主体的・対話的で深い学びを育む！
体育授業づくりの基礎知識

新時代の体育の教育課程

1 教育課程とは

　教育課程とは，学校教育の目的や目標を達成するために，教育の内容を子どもの心身の発達に応じ，授業時数との関連において総合的に組織した学校の教育計画であり，その編成主体は各学校にあります。各学校には，学習指導要領を受け止めつつ，子どもたちの姿や地域の実情等をふまえて，各学校が設定する教育目標を実現するために，学習指導要領等に基づきどのような教育課程を編成し，どのようにそれを実施・評価し改善していくのかという「カリキュラム・マネジメント」の確立が求められます。

2 新学習指導要領

　今次の学習指導要領の改訂にあたった中央教育審議会は，従来とは異なり，教科別の部会はすぐには立ちあげませんでした。10ヵ月ばかり教育課程企画特別部会で，「2030年の社会」と「子どもたちに育成を目指す資質・能力」について検討がなされました。そこで，「社会に開かれた教育課程」という基本理念と「資質・能力の三つの柱」という学力論が導き出されました。

　答申（2016）には，「『アクティブ・ラーニング』と『カリキュラム・マネジメント』は，教育課程を軸にしながら，授業，学校の組織や経営の改善などを行うためのものであり，両者は一体として捉えてこそ学校全体の機能を強化することができる」と述べられています。教育課程の改善と授業の学び方の改善，学校組織や経営の改善を一体として行う必要があるのです。

　「具体的な目標の設定や指導の在り方について，学校や教員の裁量に基づく多様な創意工夫が前提とされているものであり，特定の目標や方法に画一化されるものではない」とされ，「学習指導要領は学校教育における学習の全体像が分かり

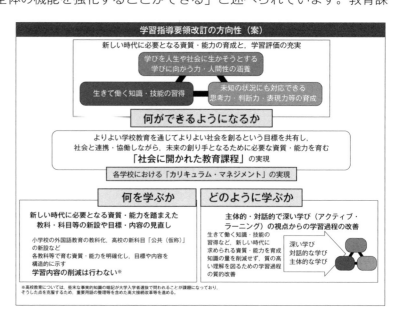

やすく見渡せる『学びの地図』としての役割を果たしていくよう」考えられています。つまり，教育課程は各学校で子どもたちや地域の実態を鑑み，社会の要請等も考慮しながら独自に作成していく必要があります。

３ 体育科としての教育課程の見直し

時間割と年間指導計画の再考

　学校の規模によりますが，大規模校はグラウンドや体育館の割り当てに苦労をしています。中・小規模の学校ならば，グラウンドや体育館が空いている時間もあります。体育の用具準備や片づけの時間を短縮するために，同学年の体育の時間を続けて配置するような時間割に変えてみるのはどうでしょうか。表１の体育館の割り当ては，低学年の学習を優先して組んだものですが，１～４年生の体育館の授業（網掛けの部分）がつながって配置されています。このことにより，はじめの学級が用具や場の準備をし，最後の学級が片づけをすればよくなります。準備や片づけをきちんとできるようにするのも学習だと考えるのであれば，時間を入れ替えてローテーションすればよいと思います。学級担任制の小学校では難しいことではありません。

　また，週に２回のグラウンドと１回の体育館配当という形に組まれている場合が多いのではないでしょうか。体育授業を単元として取り組んでいますので，他学年の単元とうまく組み合わせれば，週３回グラウンドや体育館を使っての授業という配列が可能になります。表１の体育館の割り当てと，表２のグラウンドの割り当てを曜日ごとに見ますと，火曜日グラウンドの１・２年生は体育館の３年生と，水曜日グラウンドの３・４年生は体育館の１年生と，金曜日グラウンドの１・３年生は体育館の２年生と交換が可能になります。グラウンドの単元と体育館の単元をうまく配列することで，続けて体育館を使用することも可能になります。教育課程を管理・運営している教務主任に，特別教室の割り当てを体育館とグラウンドの配当から作成をしてもらい，次にその他の音楽室や家庭科室，コンピュータ室の配当をしてもらうと，下記のような割り当てが可能になります。

表１　体育館の割り当て

	月	火	水	木	金
1			1－2		2－1
2	6－3	3－1	1－1	6－2	2－2
3	4－1	3－2	1－4	5－3	2－3
4	4－2	3－3	1－3	6－1	2－4
5	4－3	5－2			5－1
6					

表2　グラウンドの割り当て

	月	火	水	木	金
1	6－1	1－1 2－4	6－3	4－3	1－4
2	5－3	1－3 2－2	3－3 4－2	2－3 4－1	1－2 3－2
3	6－2	1－4 2－3	3－1 4－3	2－1 4－2	1－3 3－3
4	5－1	1－2 2－1	3－2 4－1	2－2	1－1 3－1
5	5－2	6－2	5－2		6－3
6		5－1	5－3		6－1

4 教科等横断的な教育課程の視点

　新学習指導要領には，「指導計画の作成と内容の取扱い」において，道徳教育の全体計画との関連，指導の内容及び時期に配慮するよう記されています。また，学校における食育の推進並びに体力の向上に関する指導，安全に関する指導及び心身の健康の保持増進に関する指導については，体育科，家庭科及び特別活動の時間はもとより，各教科，道徳科，外国語活動及び総合的な学習の時間などにおいてもそれぞれの特質に応じて適切に行うよう努めることと記されています。

　みなさんの学校の各教科，道徳科，外国語活動，総合的な学習の時間及び特別活動についての指導計画は，毎年見直しがされているでしょうか。見直しがされていても，それぞれの学習内容が独立して存在しているのではないでしょうか。教科等横断的な教育課程を可能にするためには，カリキュラム・マネジメントを確立して，よりよい教育課程を創り続けることが大切になります。具体的には，学年ごとに4月から3月までの各教科等の視覚的な教育課程を作成し，体育と保健に関連する学習内容をつなげてみると，教科等横断的な学びが可能になり，学習を深めていくよい機会になると考えられます。

　一からはじめるにはとても時間がかかり，大変な作業になります。ここは，先進校の研究等を参照していくとよいでしょう。インターネットで検索すれば，具体的な例や参考になる内容を手に入れることができると思います。

視覚的な教育課程表® (上越市立春日小学校)

	4月	5月	6月	7月	時数
行事等	1年生を迎える会	体育祭	6年宿泊体験	5年林間学校	
国語	続けてみよう 一 本に親しみ、自分と対話しよう「カレーライス」漢字の形と音・意味 二 文章を読んで、自分の考えをもとう 生き物はつながりの中に	今も昔も 狂言柿山伏 柿山伏について 短歌・俳句の世界	三 相手や目的に合わせて書こう ガイドブックを作ろう/よりよい文章に 漢字の広場② 学級討論会をしよう	読書の世界を深めよう 森へ 本は友達 漢字の広場③	140
社会	わたしたちの地域の歴史	米づくりのむらから古墳のくにへ 聖武天皇と奈良の大仏	源頼朝と鎌倉幕府	3人の武将と全国統一 郷土の武将 上杉謙信 徳川家康と江戸幕府	100
のびやか	見直そうふるさと春日を 佐渡で活躍する人々を調べよう	佐渡との出会いから感じよう 佐渡での感動を発信しよう	ふるさとの祭り謙信公祭に参加しよう 謙信公祭実行委員さんの講話 謙信公学習（4時間）	探ろう！春日に伝わる「謙信公スピリット」	45
道徳	せんぱいの心を受け継いで（愛校心）江戸しぐさ（礼儀）幸せをあくるリーダーに（役割と責任の自覚）	「イチローの夢」ドキュメンタリーDVD（自作資料）（勤勉・反省、節度・節制）義足の聖火ランノ（国際理解・親善）	修学旅行の夜（自由・規律）○生きる Ⅲ「人権の歴史」（生命尊重）○言葉のおくりもの（友情・信頼、睦け合い）○手品師（誠実・明朗）	○かけがえのない地球（自然愛、環境保全）○石流の中で救われた命（尊敬・感謝）白旗の少女（国際理解・親善）	35
学級活動	○最高学年のスタート ○学級の組織作り ○学校生活をリードしよう	○元気にあいさつ（SSE）○体育祭を成功させよう ○大人に近づく不安や悩み	○思い出に残る宿泊体験学習をしよう（2）○じょうぶな歯にしよう ○相手の話を上手に聞こう（SSE）	○1学期を振り返ろう ○あたたかいメッセージを伝え合おう（SSE）○楽しい夏休みのために	35
家庭	生活時間を見直してみよう 毎日の食事から「上越の食」を見つめる ～上越の米（みそ）文化を味わってみませんか～	1どんな食べ物を食べているのかな 2ごはんとみそしるをつくろう 3おかずの必要性を考えよう つくろう！さわやか生活	1暑い季節を気持ちよく過ごそう 2衣服の着方を考えよう 3衣服の手入れをしよう 4生活に役立つ物をつくろう		55
図工	思いを広げて 色を選んで	わたしの町 身近なものを見つめて	地球アート 光と風で		50
体育	体ほぐしの運動 短距離走・リレー、ハードル走、走り高跳び	体ほぐしの運動 病気の予防		クロール、平泳ぎ	90
外国語	Lesson 1 今日はどんな日（英語ノートL 3）	Lesson 2 いろいろな数（英語ノートL 7）	Lesson 3 トレジャーハンティングをしよう（英語ノートL 5）	Lesson 4 文房具屋になろう	25

※表は一部略

5 おわりに

　教育課程は完全なものではなく，創り続けることが大切です。時代や社会の変化に応じて絶えず変えていかなければなりません。カリキュラム・マネジメント・チェックリストを利用して，毎年チェックを行い，PDCAサイクルを確立していくことで，よりよい教育課程を編成することができます。子どもたちの実態や，地域の特色などを考慮しながら，それぞれの学校の特色のある「社会に開かれた教育課程」を目指していきます。教育界は「前例主義」「慣例主義」が根強い土壌ですが，今までやってきたことの意味を問い直してみることをおすすめします。

（濱田 敦志）

〈引用・参考文献〉
・奈須正裕（2017）『「資質・能力」と学びのメカニズム』東洋館出版
・中央教育審議会答申（2016.12.21）文部科学省
・『VIEW21』小学版　2010年度 vol.3／ベネッセ教育総合研究所
　https://berd.benesse.jp/magazine/sho/booklet/?id=3736

新時代の体育授業の展開

◼1 新時代と３層構造

❶新時代とは？

　子どもたちの知・徳・体を一体で育む「日本型学校教育」とそれを支える明治以来150年に及ぶ教科教育等に関する蓄積は，全体としては着実に成果を挙げてきているとされます。

　しかし，今世紀は，あらゆる領域での活動の基盤となる知識・情報・技術が，常に新しく更新されるため，社会の在り方も急変します。連続するか，非連続するかも不透明な急激な変化の中で子どもたちが主体的に学ぶことを忘れずに生きていく姿に体育も貢献したいと考えます。では，どのように体育授業を展開すれば叶うのでしょうか。

❷体育の「主体的な学び」の３層構造

　下図は，溝上（2017）の「主体的な学習スペクトラム」を参考にして，体育の「主体的な学び」を第Ⅰ層「課題依存型」，第Ⅱ層「自己調整型」，第Ⅲ層「人生型」の三層で整理したものです。縦軸は「即自的」（ただ自身があるという存在）から「対自的」（自分自身の存在に気づき，自分自身と対話し，ときには自分自身に背くような反省的な存在）へと深まりを示します。この３つの層を枠組みとして，新時代における体育授業の展開を詳しく見ていきます。

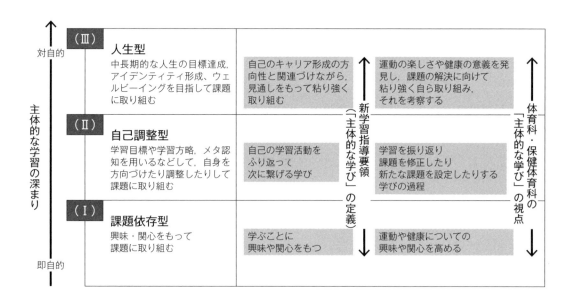

２ 課題依存型における体育授業の展開

❶課題依存型の特徴

　課題依存型では，「この課題に取り組むのがおもしろい」といった子どもが課題のおもしろさに夢中になる姿を期待します。これは，主体性が全て「子ども」からではなく，むしろ「課題」から発動することを示します。つまり，第Ⅰ層は課題に促されて「主体的な学び」が発現すること，「主体的な学び」の始点は促されるという受動性が内在することが特徴です。

❷２つのフレームが支える授業展開

　課題依存型では，「子どもフレーム」と「課題フレーム」が授業展開を支えます（表１）。

表１　課題依存型の２つのフレーム

	受動性	能動性
子どもフレーム	子どもは受動的な存在のままである	子どもは能動的な存在になる
課題フレーム	課題に子どもを合わせること	子どもに課題を合わせること

　「子どもは受動的な存在のままである」とすれば，子どもは「させられる」という受動性が保持されます。しかし，「子どもは能動的な存在になる」とすれば能動性へ動き出します。その動き出しには「課題フレーム」が左右します。それは，課題依存型での体育では，子どもたちが興味や関心をもつには課題の質が問われるからです。本書が各領域の運動のおもしろさを軸にした理由がここにあります。

　また，授業は教師の意図的な教育活動であり計画性は外せません。ところが，授業では教師が計画した「課題」と「子ども」が合致しないことが生じます。ここで，①「課題」に「子ども」を合わせるか，②「子ども」に「課題」を合わせるかの分岐点が授業展開で現れます。①を固持して教師が「子ども」に「課題」を強いると受動性へと傾斜します。②を採用した適切な「課題」となれば能動性が発動・維持・増進されます。

　体育の授業展開では，課題解決に先立つ丁寧な課題形成がポイントです。もたされた課題ではなく，心の底から何とかしたい課題になる，自分事として課題を所有すること（課題の所有化）が肝要です。その際，「それを知るともっとおもしろくなる・それができるとさらにおもしろくなる」といった，運動のおもしろさに関連する課題が，興味や関心を高めることができると考えます。

　本書にある「●●の基本をおさえよう！」には，運動のおもしろさに出会う仕掛けがあります。そして，「●●を発展させよう！」は，子ども自らの意思決定が保障され，常に課題の所有化が実現できる展開を図っています。

❸ 自己調整型における体育授業の展開

❶自己調整型の特徴

　自己調整型では，①あの動きに近づける，②課題によって練習の仕方を変える，③これまで「あのやり方」だったが，うまくいかないので「このやり方」にしてみる等，学習場面での試行錯誤の姿を期待します。これは，①は学習目標，②は学習方略，③はメタ認知を用いて，子どもが自己の学びを方向づけ，調整して課題に取り組むことを示します。つまり，子どもが自己の学びを方向づけ，調整することで「主体的な学び」が発現する点が特徴です。

❷3つのフレームが支える授業展開

　自己調整型では，情報の捉え方によって大きく授業展開が変わります（表2）。

表2　自己調整型の3つのフレーム

	受動性	能動性
情報フレーム	情報は教師だけが提供するもの(情報提供)	情報は授業の中での生産するもの(情報生産)
教育課程フレーム	教師が教えること	子どもが学ぶこと
指導計画フレーム	手本—練習—出来栄え評価	主題—探究（求）—表現

　情報は教師だけが「提供」するとなれば，教育課程は教師が「教えること」となります。指導計画は，教師が「提供」した手本（正解）に子どもがどれだけ近づけたかを「出来栄え評価」することになります。この一連の学びは，情報提供者である教師の「正解」が支えます。一方，情報は子どもが授業の中で「生産」するとなれば，教育課程は子どもが「学ぶこと」となります。指導計画は，課題依存型での子どもがもつ「課題」の中の主なもの（主題）を「探究（求）」して「表現」します。この一連の学びは情報生産者である子どもの「成解」が支えます。子どもは試行錯誤の過程において，学びの方向性を失わせ，調整を困難にさせる問題に直面することがあります。その問題が大き過ぎたり，捉え違いを誘ったりすると，子どもは何が問題なのかが分からなくなります。このとき，問題そのものを外在化することがポイントになります。これは，何が問題なのかと突き止めていき，問題を問題として把握できるようにすること（問題の外在化）です。これは，体育の授業展開で機能する指導技法です。そして，自己調整型での授業展開は，先の課題依存型から主体性が，子どもの試行錯誤を支えます。その運動のおもしろさが原動力となり，できないことに挑み続けることや繰り返し学ぶ姿は，高次の我慢を培っているようにも見え，次の人生型にも必要な粘り強さを培う授業展開になっていると考えます。

▌4 人生型における体育授業の展開

❶人生型の特徴

　人生型では「自分にとっての運動の意義を考えたい」「みんなで体育をする幸せを感じたい」といった姿を期待します。自己調整型との違いは，振り返りの時間的な広がりと内容的な深まりがあることです。例えば，「過去はAだったから，未来はBになりたい」という振り返りが，「今日の授業の最初―最後」「単元前―単元後」，さらには「入学前―卒業後」「幼少期―高齢期」となり，体育の「キャリア形成」になることが特徴です。

❷2つのストーリーが支える授業展開

　授業のストーリーは事前合理の「脚本としてのストーリー」と事後合理の「ハプニングとしてのストーリー」があります（表3）。

表3　人生型での2つのストーリー

	脚本としてのストーリー	ハプニングとしてのストーリー
特徴	事前合理性・インストラクション instruction による効率性と獲得の学習	事後合理性・コンステレーション constellation による関連性と意味づけの学び

　特に，後者は，教師にとって予想外の子どもの言動が豊かな学びの機会となることがあります。また，全くの無関係と思われることでも，視点や視座を変えることで，何かの「関係」を見つけ，「意味」を感じ取る機会があります。子どもが体育での一つひとつの出来事に「関係」を見つけ，「意味」を感じ取ることで自己物語になります。その自己物語の正負は，ある出来事を契機に，自分の思い込みだと気づき，新たな解釈を余儀なくされることがあります。「体育さえなければよかった」という負の自己物語は1つの支配された解釈ですが，それは授業の具体を捉えて，「体育があったからよかった」と代替可能な新たな解釈へと書き換えること（「物語の再編化」）が可能です。このような体育授業を展開できるのは，子どもと一緒に学びを共にした教師であり，共に研究した仲間なのだと思います。

（鈴木 一成）

〈参考文献〉
・中央教育審議会答申 (2019.4.17) 文部科学省，http://www.mext.go.jp/b_menu/shingi/chukyo/chukyo0/toushin/1415877.htm
・溝上慎一 (2017) 主体的な学習とは．http://smizok.net/education/ subpages/ a00019 (agentic).html
・鈴木一成 (2018) 体育における「主体的な学び」の検討．愛知教育大学研究報告67(1)

新時代の「教科書」の生かし方

■1 これからの学校教育

　人工知能（AI），ビッグデータ，Internet of Things（IoT），ロボティクスなどの先端技術があらゆる産業や社会生活に取り入れられ，劇的に変化する新たな社会の姿であるSociety5.0が示されました。Society5.0時代の学校教育では，子どもに①読解力や情報活用能力，②教科固有の見方・考え方を働かせて自分の頭で考えて表現する力，③対話や協働を通じて知識やアイデアを共有し新しい解や納得解を生み出す力などを育成することが求められています。「学習」の時代から，子どもの主体性をより重視した「学び」の時代への転換です。

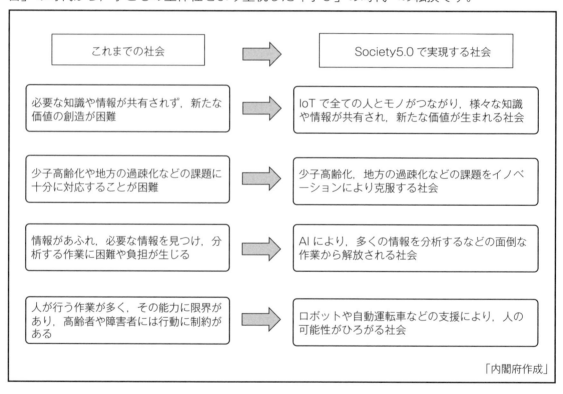

　また，経済産業省の有識者会議では，「未来の教室」ビジョンを公表しています。デジタル技術を活用した教育「EdTech（エドテック）」を取り入れ，子ども一人ひとりの特性に合った学習環境を選択できるようにしたり，探求型の学習を推進したりできるようにすることを提案しています。これからの社会には，目標そのものを自分たちで設定し，直面する課題を解決していく能力をもつ人材が不可欠であるとしています。

　ビジョンでは，科学，技術，工学，芸術，数学にリベラルアーツを加えたSTEAM教育を

重視しています。そして、「知る」と「創る」が循環する学びを実現することを「学びの
STEAM化」と表現しています。

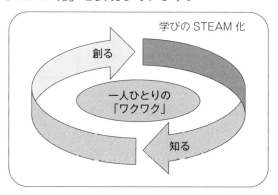

知る：一人ひとりのワクワクする感覚を呼び
　　　覚まし、文理を問わず教科知識や専門
　　　知識を習得する

創る：探求・プロジェクト型学習（PBL）
　　　の中で知識に横串を刺し、創造的・理
　　　論的に思考し、未知の課題やその解決
　　　策を見い出す

　特に学校では、一斉・一律で一方向型の授業スタイルから、子どもがEdTechを活用して
基礎知識を自習し、分からないことは友達や教師に質問をして解決する学習スタイルへの転換
を提言しています。

　学校教育では、教科書は学習指導の中心にあります。教科書を活用した学習指導はこれまで
も、初任者から若手教員時代には「教科書を教える」段階から始め、教職経験を積み重ねる中
で「教科書で教える」段階へと、力量に合わせて創意工夫を加えてきました。新しい時代を迎
えて「教科書」の生かし方も社会の要請を受けつつ、さらに変わらなければなりません。

② 「教科書」の活用

❶現在の教科書

　体育科には学習指導要領をふまえた運動領域の教科書が現在はありません。これは、プール
や校庭の面積などの学校施設の問題、スキーやスケートなどの気候と種目との問題があるかも
しれません。相馬（1997）は教科書の活用方法として、(1)問題提示としての活用、(2)確認
としての活用、(3)ヒントとしての活用、(4)別解としての活用、(5)例示としての活用、(6)
まとめとしての活用、(7)練習としての活用、(8)宿題としての活用をあげています。これは
数学科における分類であり、体育科とは異なる部分がありますが、教科書は主として教師が学
習指導を行うために教師サイドから活用する傾向がありました。

❷新しい体育の教科書

①○○運動はここがおもしろい！

　本書は、子どもが自ら問題解決ができることを重視しています。今ある課題に意欲的に取り
組み、さらに新たなる課題に出会い学び続ける学習です。そこでまず、各運動領域がもつ特性
の中から、「○○運動はここがおもしろい！」というように、子どもの視点からその運動のも

つおもしろさを明確にしています。

　体育の授業では，まず学習目標（めあて）を明確にする必要があります。低・中学年の場合，教師が学習目標を提示して子どもと確認したり，子どもが選択したりすることが多いと思います。高学年という発達段階においては，本書を活用しながら個人やグループ，チームで学習目標を決めることが可能となります。その時には，「まず運動してみる」ことを大切にし，その中で気づきや感じと出会うことが大切です。

②**主体的・対話的に学ぶための指導方略**

　指導方略は，各学級の子どもの実態をふまえながら教師が立てていきます。新学習指導要領では，教師の授業の方法や技術の改善のみをねらうのではないとしています。子どもを中心とした学習活動を通して，主体的・対話的に学べるように指導を変えていくことが大切です。

　本書の水泳では，「まずやってみる・広げる・深める」という学習過程を提案しています。そして，「試す・ふり返る」を１セットとした学習活動を繰り返すことにより，単に情報を得る活動から自分が必要な情報を積極的に取りに行く活動へと深まるなど，思考が変容していきます。また，ボール運動では，ゲーム中心の学習過程を提案しています。学校の体育の授業を見ていると，練習→ゲームの流れで行われていることが多くあります。しかし，戦術的な課題をゲームで解決するためには，「ゲーム→ふりかえり（練習）→ゲーム」の流れで進めることが重要となります。さらに，体つくり運動では，教具（素材）を提示し，教師がどのような力を子どもたちに身に付けさせたいかを考えることを提案しています。教師の腕の見せどころです。

③**学びがグーンと深まる教材づくりのポイント**

　教材をつくるときには，様々なポイントがあります。教師の働きかけもありますが，子どもの発想を生かしながら進めていくこともできます。たとえば表現運動では，「４つのくずし」を提案しています。子どもたちの学びの実態に合わせて単独で取り入れたり，複数を組み合わせたりすることができます。教師が提示するだけでなく，子どもたちが自ら選びながら学習を進められます。指導方略に示した学習過程の「出会う・広げる・深める」を個で行ったり，ペアで活動したりする工夫も合わせて考えていくと，より子どもの学びが深まります。また，陸上運動では自己・他者・モノの３つの関わり方を変えていくことで，学習を発展させていきます。

④**学習の質を高める評価のポイント**

　評価の場面を「授業（単元）前，授業（単元）中，授業（単元）後」の３つに分け，それぞれに「子どもにとって，教師にとって」の両面からの評価行為を示してあります。特に，授業（単元）前には単なる技能などの実態を把握するだけではなく，運動のおもしろさを押さえながら「自己との対話」を大切にし，学びに向かう気持ちやこれまでの学びについて把握することが重要となります。また，「何を（評価対象）」と「どうするのか（評価活動）」を整理する

ことも必要です。

3 教師の力量に合わせて「教科書」を活用する

❶教師の学習指導の「守破離（しゅはり）」

　武芸や茶道などの稽古の修行の段階を示すものとして，「守破離」があります。「守」とは，師匠や流派の型や技など，教えられたことを忠実に守り，確実に身に付ける一番はじめの段階です。次に「破」は，もう一段進み，他の師匠や流派の教えについても学び，基本を守りつつもよいものを取り入れて発展させる段階です。そして「離」は，1つの流派から離れ，独自の新しいものを生み出して，新たな流派を確立させる段階となります。千利休は，「離」の段階においても，「守」の段階の基礎・基本を忘れてはならないと説いています。体育の授業においても同じだと思います。

❷活用の仕方

　「守」の段階では，本書を使って運動のおもしろさや指導方略を押さえながら，学習過程を立てていきます。単元全体の進め方や1時間の授業の流れなどを，子どもが理解できるようにすることが重要です。また，教材づくりのポイントにある図や写真を参考にして，学びを深めるための活動を決めていきます。全てを教師の敷いたレール通りに授業を進めるのではなく，学級の実態をふまえながら，子どもに任せる部分を明確にしていくことが必要となります。「破・離」の段階では，本書に書かれている運動のおもしろさや指導方略をより学級の子どもの実態をふまえて広げていくことが大切です。子どもの発想や気づきを生かしながら授業を共につくっていくことができます。子どもは試行錯誤しながら学習を進めていく中で，自ら課題を解決していく喜びや達成感を味わうことができます。授業では友達，学習資料，教師などとの対話を通して課題を解決していきますが，教師以外との対話を意図的に増やしていくことも重要となります。授業で困ったときは友達から助言してもらう，本書の学習プリントの図や説明から解決のヒントを得る，ICT機器を活用するなど，自分に合った解決の仕方を工夫していきます。また，子ども自身が考える授業とするためには，教師の発問をＹＥＳ，ＮＯの二者択一となるクローズ発問から，多様な回答があるオープン発問へと質を変えていくことも大切です。これらの学習を通して深い学びが実現していきます。

（石井 卓之）

〈引用・参考文献〉
　・society 5.0「科学技術イノベーションが拓く新たな社会」説明資料内閣府テキスト
　・経済産業省（2019）「未来の教室」ビジョン　経済産業省「未来の教室」とEdTech研究会　第2次提言
　・相馬一彦（1997）『数学科「問題解決の授業」』明治図書

新時代の体育の学習評価

1 はじめに

　学習評価とは，一般的に，子どもたちが学習によって生じた変化を価値判断することであるといえます。つまり，子どもたちの学習成果を価値判断することで，その子どもたちが得意なこと，苦手なことなどを認識し，その情報をもとにして，体育における効果的な指導と学習を実現することができます（Bailey, 2001）。また，評価によって，子どもたちは，動機づけられ，運動参加が促され，肯定的な学習環境の創出にも役立っています（James ら, 2009）。すなわち，よりよい体育とするために，学習評価は非常に重要であるといえます。

　この学習評価のもっとも重要な機能は，「学習者の自己理解を助ける（宇土，1981）」ことであるといわれています。したがって，学習者が自分の「いま—ここ」を正しく把握し，学びを方向づけていく重要な営みであるといえます。また，教師の指導の成否を確認し，これからの指導をよりよく改善していくことも学習評価の重要な機能といえます。体育授業では，いうまでもなく子どもたちの学習がよりよく行われ，学びを深めていくことを企図して実施されます。すなわち，子どもたちの学びの変化は，指導の成果でもあります。したがって，学習した成果を価値判断するという学習評価は，学習と指導を評価し，授業に参加する子どもや教師の「これからを考える」取り組みであるといえます。

　しかし，このような機能以上に，学習評価といってイメージされやすいのは，通知表や指導要録に数字や記号などで示される「評定」であると思います。確かに，子どもの達成状況を教師及び保護者に認知させ，教師や学校の教育成果を判断するために活用されることも重要です（Peach, S., & Bamforth, 2003）。しかし，この評定もまた，よりよい学習につながるものである必要があるといえます。であるとすれば，「成績」と評し，自らの位置を物差し上に位置づけ，そのメモリの位置で一喜一憂するような評定ではなく，その評定を受け止め，自らの学びや指導を見つめ直し，今後を考えていく評価が期待されているといえます。そのような視点に立ち，本項では，学習評価の現在を評価し，これからを見つめていこうと思います。

2 学習評価の現在

　バスケットボールを教材とした単元では，ゲームを中心にして学んできたにも関わらず，評価は，ドリブルやシュートなどのスキルで測定されるようなことが少なくありませんでした。これは，学んだことの変化を評価するといいつつ，そこで学んだことを適切には評価対象としていないような評価です。こういった評価を「不自然な評価」と評し，現在では，このような

「不自然な評価」を克服して「真正の評価」を実現しようとする多くの取り組みがあります。ここでは，その代表的な３つの取り組みを紹介し，体育における学習評価の現在を概観していきたいと思います。

　１つ目に，典型的な評価として学習カードの活用があげられます。多くの学習カードには，毎時間の成果（記録，出来栄えや感想）が学習記録として残されているようです。このような子どもたちや教師にとって授業に生かすことのできる学習カードの工夫は教材研究の中の大きな一部分を占めるようになってきたように思います。これは子どもたちの学習の過程を評価しようとする試みの表れともいえるでしょう。

　２つ目に，声がけとしての評価の工夫です。小学校で授業を参観した後に，子どもたちに「先生に授業中にどのような評価をされたか」を聞いてみました。すると，ほめられたり，アドバイスされたりしたという「声がけ」に関するものが数多く回答されました。このように，現代の評価の典型的な実践の姿として教師の声がけが挙げられます。高橋ら（1986）によれば，否定的な声がけよりも，肯定的であり，具体的な声がけは学習成果を高めることが明らかにされています。そこで，いいところを見つけて「ほめる」という評価が積極的に行われるようになってきたと思います。これは，子どもたちに正のフィードバックを与え，学習を支援しようとする試みの表れともいえるでしょう。

　３つ目に，授業における中心的な活動の中で評価するということです。学習と評価場面を別々に設定するようなテストという形は以前に比べ，格段に減ってきたように思います。それよりは，ボール運動であれば，普段のゲームの観察，器械運動やダンスであれば，日常的に行われる練習や発表会，陸上であれば，記録の変化など学びの主活動の中で評価し，学習場面と切り離さない評価を行う機会が多くなったように感じます。

　以上のことを過去の評価と比較したものが表１になります。

表１　学習評価の変化

過　去		現　在
結果主義	評価は<u>いつ</u>行う？	過程主義
学習外で評価	評価は<u>どこ</u>で行う？	学習内で評価
成績の為	評価は何の<u>為</u>に行う？	学習や指導の為

　このような現代の評価の考え方をよりよく表しているのが，「指導と評価の一体化」という言葉であると思います。これは，「学習（指導）したことを評価対象とすること」と「指導して評価したことを次の指導に生かすこと」と一般的に共通了解されていると思います。すなわち，現代の学習評価は，成績の為だけでなく，学習成果を向上させるためのプロセスの中のツ

ールとして位置づいてきているといえます。その結果，以前は「Plan-Do-See (PDS)」プロセスといわれていたものが，「Plan-Do-Check-Action（PDCA）」といわれるようになり，評価を指導に生かすということが強調されるようになりました。そして，体育を指導する教師もこのことを強く意識し，子どもたちに対する評価を授業改善に生かすようになってきました。

3 学習評価のこれから

　学習評価の現在を総括してみれば，「学習した結果の値踏み」から「学習する過程の支援」の手段として学習評価が位置づいています。そこで，このような方向性を大切にしつつ，評価が抱えている課題を浮き彫りにする中で，学習評価の未来像に迫っていきたいと思います。

　まず，第1に，構成主義や状況主義に代表されるような社会文化的な学習観，すなわち定着の論理ではなく，生成の論理に基づく学びの考え方の中で，学習評価のメッセージシステム（Hay, P., &Penny, 2014)としての機能に注目が集まっています。このような中で，鈴木（2003）は，これを「学習評価としてのコミュニケーション」と述べ，それが授業システムのエネルギーになっていることを明らかにしています。Lund & Tannehill（2015）は，Standards Based PE という，評価規準を手がかりにした体育の授業づくりの考え方も示しています。このように，学習活動ではなく，学習評価に注目をし，学習や指導を考えていくような体育授業の構想が期待されています。

　次に，体育の学びの成果の記録についてです。体育の学びは，「活動していること」そのものに見いだすことができます。それを学習の履歴として残すために，これまでは，記録や感想を記述し，蓄積していくことで，その中から学びをということが多かったように思います。これが結果主義を助長することにもなっていたように思います。しかしながら，近年では，ICT機器の進歩により，動画での学びの様子の記録も容易になってきました。このように，学んでいる姿そのものを評価データとして残していくことが可能になりました。そこで，学習成果を文字や記号に変換して記録するのではなく，動画情報として記録し，評価データとして蓄積していくことが試みられています。すなわち，教師の評価情報の収集に注目が集まっています。

　最後に，学校での学びが家庭での学びにつながることが大切です。そのためには，学校と家庭の連携が必要です。また，子どもが学校でも家庭でも同様の方向性を共有しながら成長を支えられていくことが大切です。そこで，親をはじめとしたステークホルダー（利害関係者）が評価行為に参加していくことが大切です。

　以上のように，未来の学習評価は，①評価を中心にした授業づくり，②評価情報を動画で収集する，③学校と家庭が協働した学習評価がキーワードになってくるかと思います。このような評価では，子どもと共に，教師や親も育つ場になっているといえ，コミュニティそのものの成長が期待できます。

4 まとめ

　学習を学校というコミュニティに留まらず，地域にまで拡げ，地域コミュニティで学び，育てるというメディエーション（仲介）を学習評価が担っていくといえます。その中に，評価を中心に考えていくということは，子どもと教師の意思決定の土台となるものを明確にし，評価を手がかりにしながら，学習という行為と指導という行為を創発していこうというところに未来の評価があるように思います。

（鈴木 直樹）

〈参考文献〉

- ・Bailey, R.（2001）Teaching Physical Education: A handbook for primary and secondary school teachers. London: Kogan Page. pp. 137-152
- ・Hay, P., & Penny,D.（2014）Assessment in Physical Education: A Sociocultural Perspective. Routledge.
- ・Hopple, C.（2005）Elementary physical education teaching & assessment: a practical guide, Human Kinetics.
- ・James, A.R., Griffin, L., & Dodds, P.（2009）Perceptions of middle school assessment: an ecological view. Physical Education and Sport Pedagogy. 14（3）: pp. 323-334
- ・菊地孝太郎＆鈴木直樹（2014）高校期の体育評定と大学生のスポーツ行動継続性との関係. 体育科教育学研究. 第30巻第2号. pp.51-60.
- ・Lund, J., & Tannehill, D.（2014）Standards-Based Physical Education Curriculum Development, third. Jones & Bartlett Learning
- ・Pangrazi（2012）Dynamic Physical Education for Elementary School Children（17th Edition）. Benjamin Cummings
- ・Peach, S., & Bamforth, C.（2003）Tackling the problems of Assessment, Recording and Reporting in Physical Education and Initial Teacher Training 2: an update and evaluation of the project and recommendations for future good practive. The British Journal of Teaching Physical Education. 34（1）: pp. 22-26
- ・鈴木直樹（2003）体育授業における学習評価としてのコミュニケーション. 体育科教育学研究. 第19巻第2号. pp.1-12
- ・高橋健夫・岡澤祥訓ほか（1989）教師の相互作用行動が児童の学習行動及び授業成果に及ぼす影響について. 体育学研究. 第34巻第3号. pp.191-200

2章

学習プリントと学習カードでつくる！
全領域の体育の教科書

体つくり運動

1 体つくり運動はここがおもしろい！

❶ボールを使った運動

ア 体の柔らかさを高めるための運動

> 足の先まで，ボールを運べるようになりたい！

　　　　　　　　　　白分の体の周りに沿って，脚を伸ばしてボールを転がすおもしろさを味わいながら，体の様々な部位の可動範囲を広げ柔軟性を高める運動です。

イ 巧みな動きを高めるための運動

> 難しい捕り方に挑戦するぞ！

　　　　　　　　　　投げたボールを，いろいろな捕り方で捕球するおもしろさを味わいながら，ボールの動きに合わせ，タイミングよく動く敏捷性を高める運動です。

ウ 力強い動きを高めるための運動

> 負けないよう全力で引っ張るぞ！

　　　　　　　　　　１つのボールを，２人で引き合うことのおもしろさを味わいながら，自分の体重を利用して，筋力を高める運動です。

エ 動きを持続する能力を高めるための運動

> どのくらい長く続けられるか，挑戦するぞ！

　　　　　　　　　　一定時間ボールをつき続けるおもしろさを味わいながら，同じ動きを持続させる持久力を高める運動です。

❷なわを使った運動

ア 体の柔らかさを高めるための運動

> できるだけ遠くまで伸ばそう！

　　　　　　　　　　なわをどこまで届かせられるかのおもしろさを味わいながら，体の様々な部位の可動範囲を広げ柔軟性を高める運動です。

イ 巧みな動きを高めるための運動

> なわを跳びながらドリブル

　　　　　　　　　　なわを跳びながらボールをドリブルするおもしろを味わいながら，タイミングよく動く敏捷性を高める運動です。

ウ 力強い動きを高めるための運動

> 思いっきり引っ張るぞ！

　　　　　　　　　　なわをできるだけ自分のほうに引っ張るおもしろさを味わいながら，自分の体重を利用して筋力を高める運動です。

エ 動きを持続する能力を高めるための運動

> 引っかからず長い時間跳ぼう！

　　　　　　　　　　引っかからずに跳び続けることのおもしろさを味わいながら，同じ動きを持続させる持久力を高める運動です。

体つくり運動

器械運動

陸上運動

水泳運動

ボール運動

表現運動

❸身体を使った運動

ア 体の柔らかさを高めるための運動

おへそを高くして友達をくぐりやすくしよう！

ブリッジを友達がくぐる楽しさを味わいながら，体の伸びを実感し同じ姿勢を保ち柔軟性を高める運動です。

イ 巧みな動きを高めるための運動

できるだけ小さく素早く回ってみよう！

様々な障害物を素早く回って動く楽しさを味わいながら，走り方の工夫と敏捷性を高める運動です。

ウ 力強い動きを高めるための運動

遠くへ跳ぶぞ！

助走をつけずに，馬跳びの着地点をできるだけ遠くへするおもしろさを味わいながら，筋力を高める運動です。

エ 動きを持続する能力を高めるための運動

気持ちよく走ろうね！

自分に合ったペースを見つけ，無理なく気持ちよく走る楽しさを味わいながら，持久力を高める運動です。

2 主体的・対話的に学ぶための指導方略

その他の教具（素材）例 次のような教具（素材）を使って，指導の仕方を工夫してみましょう。

マーカー

フラフープ

平均台

固定遊具

新聞紙

タオル

ゴム紐

棒

　教具（素材）の特性を生かし，どのような力を子どもたちに身に付けさせたいかを考えることが大切です。

　「何」を使うか以上に，子どもたちがそれを「どのように」使って活動するかをデザインすることがポイントです。

※活動を通して，体力の変化に気づきを感じられるようにしましょう。

3 学びがグーンと深まる教材づくりのポイント

○ボールを使った活動の場合（動きの難易度：基本⇒発展）

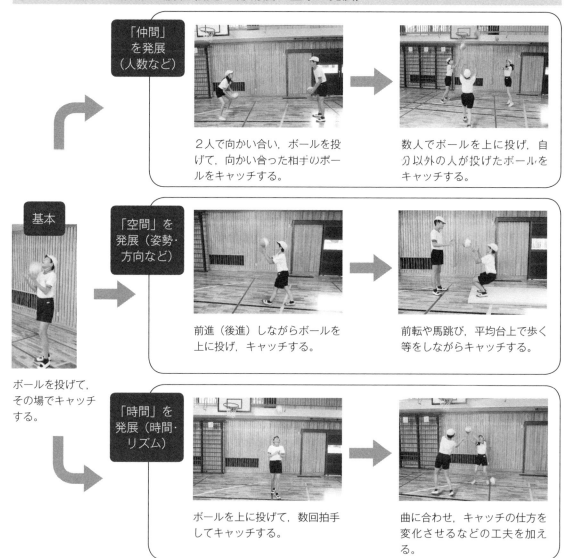

「仲間」を発展（人数など）

2人で向かい合い，ボールを投げて，向かい合った相手のボールをキャッチする。

数人でボールを上に投げ，自分以外の人が投げたボールをキャッチする。

基本

「空間」を発展（姿勢・方向など）

前進（後進）しながらボールを上に投げ，キャッチする。

前転や馬跳び，平均台上で歩く等をしながらキャッチする。

ボールを投げて，その場でキャッチする。

「時間」を発展（時間・リズム）

ボールを上に投げて，数回拍手してキャッチする。

曲に合わせ，キャッチの仕方を変化させるなどの工夫を加える。

活動の発展ポイント

　体つくり運動の活動を発展させていく過程は，「調理」の過程に似ています。

　まず，子どもによい素材（学習課題，用具など）を提供すること。次にその素材を調理する方法（「仲間」，「空間」，「時間」などの発展のさせ方）を工夫すること。最後に，できあがった料理の味を調整する（評価※次ページ参照）こと。

　子どもたちと教師が，調理を一緒に心から楽しみ，よりよい料理（活動）を探求し続けていきましょう。

4 学習の質を高める評価のポイント

　学びの評価については、「自己との対話」として、授業前後の自分自身の変化に気づき、他者（友達・ペア・チームのメンバー）との対話によって具体的に自分のどこがよくなったのかを肯定的な言葉で子ども同士が表現し合い、共有することが大切です。そして、自分の意思（考え）を大事にしながら、自己の変化や高まりを実感しているかが評価のポイントです。評価の仕方を、授業前・授業中・授業後に分けて考えると次のようになります。

❶授業（単元）前

　授業前は、学びへ向かう気持ちを育み、運動のどこに注目するかを意識させます。事前の自己評価として、「今の気持ちはどうですか」という運動前の気持ちと「運動のどこに注目して行いますか」と聞き取りで確認し、学びに向かう気持ちと動きの変化の観点を評価します。

子どもにとって	教師にとって
自分が学んできたことを理解し、学習のねらいの見通しをもつようにする。	子どもたちの実態に合った教材を工夫し、授業中の支援の具体的な計画を立てる。

❷授業（単元）中

　授業中は、学習カードを使用して自己の身のこなしの変化に気づかせます。その内容は、

> ①　体を動かす楽しさや気持ちよさ（心地よさ）を味わえましたか。
> ②　自分やペアの友達、グループの人と楽しく運動することができましたか。
> ③　運動の仕方を考え、その考えを仲間に伝えることができましたか。

などで、この評価で大切にしたい「自分の意思を伝える」ことに重点をおきます。③については、「どんなことを、どんな言葉で伝えたか」を記述させることで、教え合い言葉を大切にする気持ちが育めます。

子どもにとって	教師にとって
評価したことを生かして自分の考えを伝え、友達とともに運動の行い方を工夫し、よりよい運動実践を行っていくようにする。	運動前との違いを理解することで、関わり方が大きく変化する。子どもへの言葉がけに評価を生かし、子どもたちが運動に価値づけることを促す。

❸授業（単元）後

　授業後は、自分の体力や身のこなしの変化について振り返り、他者からのアドバイスや自分の考えを持ち、今後の運動に生かそうとする気持ちを評価します。

子どもにとって	教師にとって
学習によって変化した動きを価値づけ、運動への取り組み方の見通しをもち、運動への高い意欲をもつようにする。	何がどのくらいできるようになったか。学んだことを今後の運動へ生かし、見通しがもてるようにする。

体つくり運動

器械運動

陸上運動

水泳運動

ボール運動

表現運動

5 教え合いによる学習

　「教え合う」には，自身がどんな学びを得るか，そして多くの関わりから得る学びから自分自身がどのような変容（変化）を実感できるかが大切です。また，「教え合う」には肯定的な言葉でお互いに伝え合うことも大事です。

❶学び合う〜力強い動きを高めるための運動〜

　「どこまで馬跳び」では，どのような教え合いができるか。場面ごとに考えてみましょう。

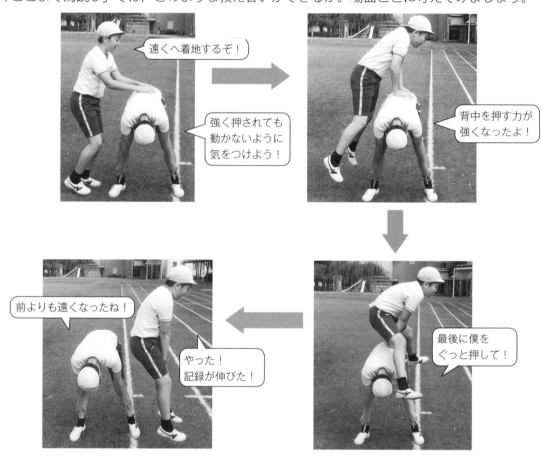

❷この場面では何を学べるか？

　この場面では，体育の授業の特性である「教え合い」はもちろん，「見合う」「励まし合う」ことができます。運動を通して「着地する距離を伸ばすために何がポイントか」という運動の見方を学ぶことができるので，「馬の背中を強く押すこと」「馬は強く押されても動かない馬をつくる」ことを，お互いに伝えることができるようになります。どの運動場面においても，「教え合い」のために肯定的な言葉を使うことが大切です。

体つくり運動

器械運動

陸上運動

水泳運動

ボール運動

表現運動

❸教え合い言葉のヒント集

　馬跳びの運動場面では，「僕のほうが遠くへ着地できるよ！」や「あまり記録が伸びなかったね！」など相手を否定する言葉をかけがちです。しかし，肯定的な言葉を相手に伝えることで，運動のポイントが明確になり，次の運動場面でそのポイントを試すことができます。「まずやってみよう！」と感じられる言葉がけをすることが大切です。

　そこで，肯定的な言葉やシェアできる言葉（教え合い言葉）にはどんなものがあるか，具体的に例示します。

> ・「馬の背中の押し方が強くなった？」（馬跳び）
> ・「馬がしっかりしていたから跳べたんだね！」（馬跳び）
> ・「今のコーンの回り方は，小さく回ってよかったよ！」（回旋リレー）
> ・「バトンの受け渡しがスムーズだったね！　練習の成果だね！」（回旋リレー）
> ・「おへそが上を向いているね！」（ブリッジくぐり）
> ・「地面（床）がしっかり見れているね！」（ブリッジくぐり）
> ・「いいペースで走れているね！」（持久走）
> ・「気持ちよく走れたみたいだね！」（持久走）

　このような言葉を意図的に使うことによって，子どもたちが前向きに運動に取り組み，常に肯定的な場面で学習を進めることが大事です。

　馬跳びの運動場面では，どのような方法（手段）で他者と関わりをもちながら自己との対話を行い，意見交換の場で，自分の考え（意思）を伝えられるかが大切です。

　その関わりの場で考えられる方法（手段）の選択肢として，

> ① ICT 機器の活用　②話し合い活動　③互いに見合う（友達に見てもらう）
> ④自分の（考え）意思　など

があります。この選択肢の中から自分に合った方法（手段）を自ら選び，自ら決定することができれば，スムーズに教え合いができます。

　最後に，教え合いから子ども自身が，

選択肢の手段の１つをもとにして，**他者のアドバイス**をしてみよう！

できなくても，もう１回！　チャレンジする！

　この繰り返しが，主体的に学ぶ気持ちを育みます。さらに，様々な学習課題に対して，自ら進んで取り組み，友達へ自分の考え（意思）を伝えることができる子どもたちとともに学習を進めていくことが大切です。

（夏苅 崇嗣・澤 祐一郎・花坂 未来・鈴木 直樹）

1 体つくり運動の基本をおさえよう！

ア　体のやわらかさを高めるための運動

体のそれぞれの部位の「動くはん囲を広げること」を大切にしている運動です。

やわらかさが高まると，けがを防ぎやすくなったり，様々な動きを習得しやすくなったりします。

ボール
例：体に沿って，ボールを転がす。

なわ
例：なわを使って，体をのばす。

体
例：人がくぐれるようにブリッジする。

タオル
例：タオルをもって，全身を大きくひねる。

イ　たくみな動きを高めるための運動

「タイミングやバランスよく動くこと」や「リズミカルに動くこと」，「力の入れ方を加減して動くこと」を大切にしている運動です。

たくみな動きを高めることによって，他の領域の運動も行いやすくなります。

ボール
例：いろいろな方法で，キャッチ。

なわ
例：なわをとびながらドリブル。

体
例：障害物を素早く回る。

マーカー
例：マーカーを置き，ジグザグ走。

ウ　力強い動きを高めるための運動

　自分の体重を利用したり，人や物などを動かしたりすることによって「力強い動きを高めること」を大切にしている運動です。

　自分の力に合わせた運動になるように，活動内容を自分で考えて，取り組みましょう。

ボール
例：ボールを2人で引っ張り合う。

なわ
例：なわを引き合う。

体
例：馬とびの着地点を伸ばす。

固定遊具
例：登り棒を2本使って，登る。

エ　動きを持続する能力を高めるための運動

　動きを一定の時間連続して行ったり，一定の回数を反復して行ったりすることによって「動きを持続する能力を高めること」を大切にしている運動です。

　動きを続けていくことで，回数やきょりがのびたり，呼吸が楽になったりすることを実感できます。

ボール
例：一定時間，ボールをつき続ける。

なわ
例：短なわを一定時間とび続ける。

体
例：自分に合ったペースで走り続ける。

校庭の器具
例：様々な固定遊具を使って，活動し続ける。

❷ 体つくり運動を発展させよう！

発展の視点
3つの「間」

「仲間」
を発展させる

（人数：1人，2人，
グループ，学級全体など）

「空間」
を発展させる

（姿勢：立つ，座る
方向：前・後ろ向きなど）

「時間」
を発展させる

（時間：1分，5分
リズム：拍数，曲など）

❶基本（もとになる）の動き

❷使うものや関わる人

❶「基本（もとになる）の動き」
は，それぞれの動きを発展させる
際の「もとになる動き」です。

❷「基本の動き」で使った体の部
位や，使った器具や遊具を記入し
ましょう。

具体的な発展の方法　例：ボールを使った活動

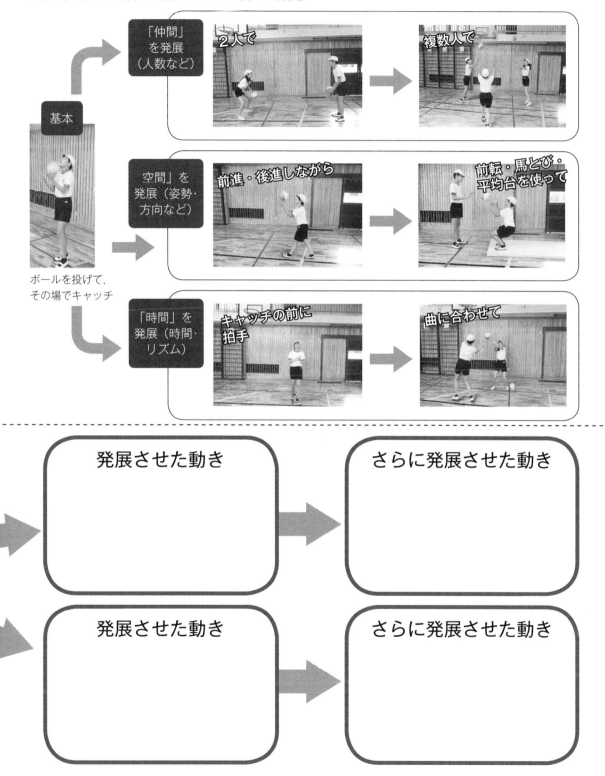

基本

ボールを投げて,
その場でキャッチ

「仲間」を発展（人数など）

2人で

複数人で

「空間」を発展（姿勢・方向など）

前進・後進しながら

前転・馬とび・平均台を使って

「時間」を発展（時間・リズム）

キャッチの前に拍手

曲に合わせて

発展させた動き

さらに発展させた動き

発展させた動き

さらに発展させた動き

❸ 体つくり運動の学び合いを深めよう！

前向きな言葉で学習していこう！

学びの場面：「どこまで馬とび」では，どのような学び合いができるでしょうか。場面ごとにどのような声がけをしますか。考えてみましょう。

例：「どこまで馬とび」（力強い動きを高めるための運動）

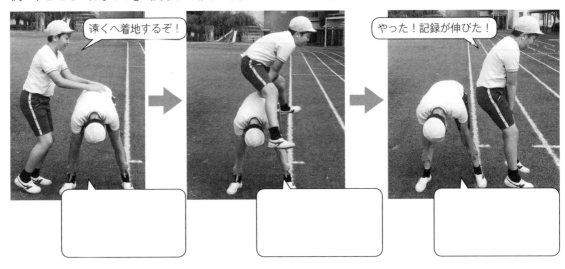

遠くへ着地するぞ！

やった！記録が伸びた！

■この運動のポイントはどこにありますか？

■この活動の後に，どんな言葉をかけますか？

動きを高める言葉

「○○さんなら，もっと遠くへとべるよ！」

「もっと小さくコーンを回るといいよ！」

「なわは細かく回すととびやすくなるよ！」

はげましの言葉

「バトンの受けわたしがスムーズだったよ。練習の成果だね！」

「おへそが上を向いているね！」

「馬の背中のおす力が強くなったよ！」

認める言葉

「いいペースで走れているね！」

「地面（床）をしっかりと見れているね！」

「今のコーンの回り方は，小さく回っていてよかったよ！」

動きや関わりの質が
高まります！
（学び合いの質も高まる！）

■よりよい学び合いをするためには，どのようなことをするとよいでしょうか。

① ICT 機器の活用　　　　②話し合い活動　　　　③おたがいに見合う
　　　　　　　　　　　　　　　　　　　　　　　　　（友達に見てもらう）

■これから，あなたはどのように学びますか？

例：話し合い活動

（　　　　　　　　　　　　　　　　　　　　）をもとにして，

例：背中をおす力を強く

（　　　　　　　　　　　　　　　　　　　　）をしてみよう！

できなくても，もう１回！　チャレンジする！

体の動きを高める運動学習カード

（　　　）時間目　　　　年　　　　組　　　名前

■今日学習したことに〇をつけ，使ったものや人を書きましょう。やわらかさが高まると，けがを防ぎやすくなったり，様々な動きを習得しやすくなったりします。

体のやわらかさを高めるための運動　　　　力強い動きを高めるための運動

たくみな動きを高めるための運動　　　　動きを持続する能力を高めるための運動

使うものや関わる人

■考えたことを書きましょう

はじめ

したい。

なか

①やってみて	②次にしてみたいこと	③さらにやってみて

おわり（ふり返り）

■考えたことや感じたことを書きましょう

　ヒント：「～をもとに～してみたら，～だった。だから，次は～。」

例：友達のアドバイスをもとに，ボールをキャッチする方向を反対（背中側）にしたら，難しかったけれど，おもしろかった。だから，次は，方向だけではなく，キャッチする方向を変えてみたい。

■それぞれの時間に学習したことに〇をつけ，使ったものや人を書きましょう

<u>1時間目</u> 使ったものや関わった人

体のやわらかさを高めるための運動　　　　　力強い動きを高めるための運動

たくみな動きを高めるための運動　　　　動きを持続する能力を高めるための運動

<u>2時間目</u> 使ったものや関わった人

体のやわらかさを高めるための運動　　　　　力強い動きを高めるための運動

たくみな動きを高めるための運動　　　　動きを持続する能力を高めるための運動

<u>3時間目</u> 使ったものや関わった人

体のやわらかさを高めるための運動　　　　　力強い動きを高めるための運動

たくみな動きを高めるための運動　　　　動きを持続する能力を高めるための運動

<u>4時間目</u> 使ったものや関わった人

体のやわらかさを高めるための運動　　　　　力強い動きを高めるための運動

たくみな動きを高めるための運動　　　　動きを持続する能力を高めるための運動

■これまでの学び（左ページ）を参考に，自分の学びをふり返りましょう

　ヒント：学んでみて気づいたこと・分かったこと・今後に向けて（運動内容や自分の特ちょ
　うなど）

器械運動

1 器械運動はここがおもしろい！

❶非日常の感覚

　器械運動には，「回る」「逆さになる」「体を振る」など特有の動きがたくさんあります。そこから得られる感覚は，まさに非日常そのもの。このおもしろさを感じることができれば，子どもは自ずと何度も取り組むようになります。

❷技の獲得

　何度も練習して技ができた時の嬉しそうな子どもの表情。心に残る一瞬に出会えるのも器械運動の魅力です。数多くの技がありますから，できる喜びや挑戦するおもしろさを十分に味わうことができるでしょう。

マット

鉄棒

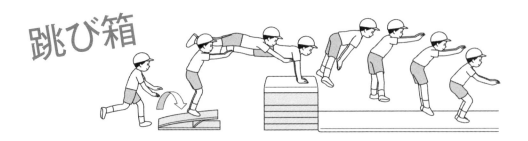

2 主体的・対話的に学ぶための指導方略

❶主体的な姿を引き出すために

① 「感覚づくり」で土台を養う

「走る」や「跳ぶ」等の動きと異なり，器械運動は「転がる」「回る」など非日常的な動きで構成されています。そこで，授業では「感覚づくり」の時間を設けることにより，様々な感覚が養われ，主運動へとつながっていきます。

【ゆりかご】　　【ブリッジ】【かえるの足うち】【馬跳び】【足抜き回り】【前回り下がり競争】【援助逆上がり】

②技の系統性を理解し，「できた！」をどの子も味わえるようにする

自分に適した技を選ぶためには，技の系統性を押さえる必要があります。できそうでできない技に挑戦することで，子どもは意欲的に取り組むようになります。

跳び箱運動

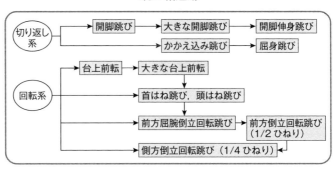

出典：器械運動の手引（文部科学省）

❷対話的な姿を引き出すために

①見方・考え方を明らかにする

連続イラストを用意し，大切だと考えるポイントに付箋を貼ります。友達の考えとズレが生まれ，友達の考えを知りたいという思いが生まれます。

僕は脚の方向がポイントだと思うよ。

私は手首の返しが一番大切だと思うな。

②子ども同士で"支え合う"

子どもたちが語り合うための触媒として，ICT を活用してみましょう。一瞬の動きをスロー再生や静止画に変換することで，互いに教え合うことができます。

体つくり運動

器械運動

陸上運動

水泳運動

ボール運動

表現運動

3 学びがグーンと深まる教材づくりのポイント

　「感じ」を探究することで，動きへの「気づき」が生まれ，技能が高まっていきます。それを偶発的ではなく必然的にしていくためには以下のポイントが重要となります。

❶動きの分析と系統性の捉え

　技を構成している動きが，子どもがどのような感じを受け取るのかをしっかりと把握します。
　そして，それらの感じを味わうためには，どのような体の動きが必要なのかについて検討することが必要であり，子どもたちが発展させていくための道しるべとなっていきます。

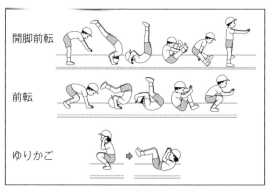

❷感じを味わう場や教具との出会い

　恐怖心があっては，その運動を楽しむことは難しくなります。感じを「探求」するためには，子どもがどのような場と出会うのかを考える必要があります。例えば跳び箱運動では，セーフティーマットを敷いた場や跳び箱の側面にマットを置く場を設定します。子どもたちは，それらの場から「痛くないよ」「落ちても大丈夫だよ」というメッセージを受け取ります。だからこそ，進んで運動に取り組み，感じを探求していくのです。これまでの，「スモールステップとしての場」を，「感じを探求する場」として解釈を変えていくことで，子どもたちが進んで運動に取り組むようになるのです。また，教具にも同様のことがいえます。例えば，鉄棒運動で回転系の「くるん」という感じを味わうために，子どもは補助具と出会います。これまではサポートする教具ですが，回転する感じを味わう探求する教具になっていきます。この場や教具との出会いを演出することで，感じを味わうことができ，様々な動きへの気づきが生まれていき，結果として技能が高まっていくのです。

体つくり運動

器械運動

陸上運動

水泳運動

ボール運動

表現運動

4 学習の質を高める評価のポイント

❶授業（単元）前

　単元をスタートする前に，前学年までにどのような学びをしてきたのかを聞き取りやアンケート等で把握しておきます。器械運動に対して，肯定的なのか否定的なのか，積極的なのか消極的なのかを，子どもも教師も事前に把握しておき，どのような学びにしたいのかを共有しておくことが重要となります。

子どもにとって

これまでに取り組んできた学習内容を想起することで，学びを方向づけていく。

教師にとって

子どもたちの既習事項や実態を捉え，学習内容とどのような出会いが効果的かを検討する。

❷授業（単元）中

　授業中は，味わいたい「感じ」への探求を支える場や教具，動きへの「気づき」を中心とした情報をもとに，自己の課題を明確にするとともに，その探究の方向性を見定めていくことが重要となってきます。

子どもにとって

運動した「感じ」と「気づき」を関連づけるために，場や教具，動きを試行錯誤しながら確かめる。

教師にとって

子どもが探求している「感じ」を解釈しながら，「気づき」への肯定的なフィードバックをする。

❸授業（単元）後

「ふわっと」した感じを味わうためにロイター板を使ったよ。踏切板よりも「ふわっと」を味わえたよ。さらに踏み切りを強くするとどうなるかな。

ロイター板を使うことで，「ふわっと」した感じを味わっているな。踏み切りの局面にどのような気づきがあるのか，聞いてみよう。

　授業後は，どのような感じを味わおうと追究してきたのか，そしてそのためにはどのような場や教具，動きへの気づきがあったのか振り返ることが重要です。学習カードで「感じ」と「気づき」を見取っていくことが重要です。

子どもにとって

味わおうとした「感じ」と「気づき」を自覚することで，自己の学び実感する。

教師にとって

学習カードに記入された「感じ」と「気づき」を抽出し，伸びや成長を見取っていく。

（河本 岳哉・村上 雅之・浅野 純子・石井 卓之）

❶ マット運動の基本をおさえよう！

□にチェック！

○：取り組んだよ　◎：あと少しでできそう　😊：できたよ！

「くるん」を楽しもう！	「ぐるうん」を楽しもう！	「ぴたっ」を楽しもう！
背中にマットをつけて回転して	手や足の支えで回転して	バランスを取りながら静止して

前転

頭の後ろをついて回ろう。

後転

あごを引いて回るといいね。

側方とう立回転

両手に体重をしっかりのせるといいね。

かべとう立

あごを出してマットを見るといいね！

開きゃく前転

あしをぎりぎりで開いてみよう。

しんしつ後転

手とこしがほぼ同時につくようにしよう。

ロンダート

どこで体をひねるといいかな。

補助とう立

しっかりこしをのばそう！

ワンポイント解説

○マット運動は，「くるん」「ぐるうん」などの回転する感じや「ぴたっ」と逆さまに止まる感じを味わえるのがおもしろい運動です。あしを開いたり，ひざをのばしたり，動きを様々に変化させてもその感じを味わえるか試してみましょう！

○「くるん」を味わうためのコツはあるかな？　友達と，体の動かし方で気づいたことを話しながら取り組んでみましょう！

2 マット運動を発展させよう！

❶こんな動きもあるよ　「くるん」「ぐるうん」「ぴたっ」を感じられるかな？

とう立

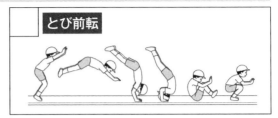

とび前転

前方とう立回転

とう立前転

前方とう立回転とび

❷「くるん」「ぐるうん」「ぴたっ」を組み合わせてみよう

　自分のお気に入りの技を組み合わせてみよう。例えば「ぐるうん」から「くるん」を味わうには……。

　例：ロンダートからしんしつ後転の組み合わせ

3 マット運動の学びを深めよう！

　動画で実きょう中けいをしてみましょう。

①友達の味わいたい感じを聞く。

②さつえいしている時にその感じを声で入れる。

③動きと実きょう中けいの感じは合っているかな？

ぐるうん!!

1 とび箱運動の基本をおさえよう！

「ふわっ」を楽しもう！

「ぐるうん」を楽しもう！

ワンポイント解説

○とび箱運動は，日常では味わえない感じを味わうことができる運動です。

○開きゃくとびでは，体が空中に投げ出されるときに「ふわっ」と感じます。どうやったら「ふわっ」を感じられるでしょうか。何度も運動して自分の体とお話してみましょう。

○台上前転では，「ぐるうん」とした感じを味わえます。マット運動の前転の動きが生かせるかどうか，友達と話しながら取り組んでみましょう。

② とび箱運動を発展させよう！

❶いろいろな場所や道具を使って「ふわっ」「ぐるうん」をもっと感じよう！

ロイター板

セーフティマット

坂道

❷こんな動きもあるよ！「ふわっ」「ぐるうん」をどこで感じられるかな？

	かかえこみとび

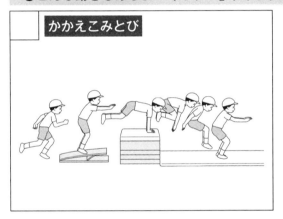

	しんしつ台上前転

③ とび箱運動の学びを深めよう！

「くるんと感じられない」と困っている友達にアドバイスをしよう！

場…
もの…
動き…

1 鉄棒運動の基本をおさえよう！

□にチェック！

○：取り組んだよ　◎：あと少しでできそう　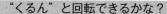：できたよ！

"くるん" と回転できるかな？		体を大きくふれるかな？
前にくるん！	後ろにくるん！	

| 前回り下り | 補助逆上がり | ひざかけふり上がり |

かかとが大きく動いているかな？

| かかえこみ前回り | 逆上がり | こうもりふり下り |

鉄棒と腹がぴったりとくっついているね。

頭の上をけるように足を上げるんだね。

あごの動きに注目！

| 前方支持回転 | 後方支持回転 |

鉄棒と腹がぴったりとくっついているね。

46

② 鉄棒運動を発展させよう！

❶さらなる発展技にちょう戦しよう

後方しんしつ支持回転

ももかけ上がり

❷連続回転にちょう戦しよう

連続かかえこみ前方支持回転

連続後方支持回転

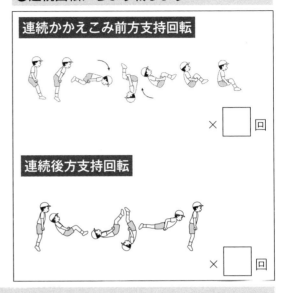

× ☐ 回

× ☐ 回

❸技を組み合わせてみよう

上り技→回転技→下り技の３つを組み合わせてできるかな？

例：　　ひざかけふり上がり　→　　　　後方支持回転　　　→　　　　前回り下り

取り組んだ組み合わせ技

上がり技	回転技	下り技

③ 鉄棒運動の学びを深めよう！

■周りで支えよう

■道具で支えよう

タオルを使って

とび箱を使って

今日の成長をふり返ろう（マット運動・とび箱運動・鉄棒運動）

年　　　組　　名前

取り組む運動や技

自分の課題

解決するために考えたこと

１時間をふり返って気づいたこと

自分の成長を記録しよう（マット運動・とび箱運動・鉄棒運動）

年　　　組　　名前

	月／日	こうもく （選んだものに〇をつけよう）	ふり返り
1	／	からだ あたま こころ	
2	／	からだ あたま こころ	
3	／	からだ あたま こころ	
4	／	からだ あたま こころ	
5	／	からだ あたま こころ	
6	／	からだ あたま こころ	

陸上運動

◼ 陸上運動はここがおもしろい！

❶この種目だからこそ，味わえるおもしろさ

　陸上運動のそれぞれの種目で味わえるおもしろさを大切にしながら，子どもたちと運動の世界を広げたり，深めたりしていきます。

リレー
速さをつなぐこと

短距離走
全力の加速をすること

ハードル走
リズミカルに走り越えること

走り幅跳び
スピードにのった助走で
遠くに跳ぶこと

競争
達成

走り高跳び
調子のよい助走で
高く跳び越えること

❷おもしろさと楽しさは表裏一体

　ここで示した陸上運動のおもしろさと楽しさ（記録の達成や友達との競争）は，表裏一体の関係です。教師は，子どもが感じているおもしろさを念頭に置きながら，授業デザインをしていきます。そして，子どもたちは，「もっと合理的な動きをするには？」「自分や友達の記録を伸ばすためには？」「友達との競争を楽しむためには？」と問いを立てるようになり，新たな課題を見つけていきます。

体つくり運動

器械運動

陸上運動

水泳運動

ボール運動

表現運動

2 主体的・対話的に学ぶための指導方略

❶運動との出会いから学びを立ち上げる。そして，「広げる，深める」へ

　教師は，子どもの実態に合わせながら，味わってほしい運動のおもしろさや楽しさに触れられるような教材や活動を提示するところから学習を始めます。子どもたちは，運動のおもしろさや楽しさに触れ，これからの学習について見通しをもっていきます。

　学習が進んでいくにつれて，子どもの学習状況は変化をしていきます。教師は，これを見取りながら，よりよい学習の方向を決定していきます。

運動のおもしろさや楽しさに触れられるような教材・活動の提示	子どもの状況の見取りや対話で学習の方向を決めていく
運動のおもしろさに触れ，学びを立ち上げる	運動のおもしろさや楽しさを広げたり，深めたりする
運動のおもしろさや楽しさに触れ，見通しをもつ	よい動きを見つけたり，活動を変化させたりして楽しむ

❷子どもとともに，もっとおもしろく，楽しく！

　陸上運動は，運動のおもしろさを中核としながら，自己の記録に挑戦したり，友達と競争したりすることが楽しい運動です。はじめから，学習の過程を決めておくのではなく，子どもとともにもっとおもしろくて楽しい活動を選択しながら学習を進めます。ここでは，自己＝自分との関わり，他者＝友達や先生，モノ＝教材・教具・ルールなど，「自己・他者・モノ」との関係を変化させていきながら，ともにゴールを探していくのが，主体的で対話的な学習と考えます。

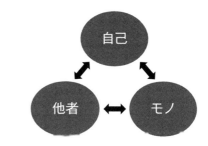

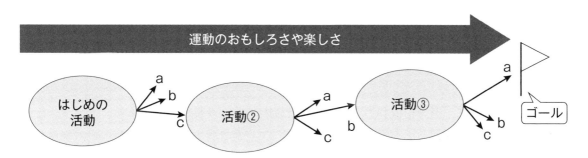

3 学びがグーンと深まる教材づくりのポイント

　基本の活動を発展していくためには，自己・他者・モノの３つとの関わり方を変えていくことによって，学習を進めることが重要です。先に学習の方向性を教師が導くこともできますが，子どもの学びに合わせて，それぞれの関わり方を少しずつ変化させてみてはどうでしょうか。子どもの姿から，学習をつくっていくためのいくつかの例を紹介します。

❶「モノ」との関わり

　おもしろさを焦点化するために，学習過程で，用具や場を変えて学習を進めることが有効です。また，味わわせたい感覚の逆の要素を体験させることで，より動きの感じを味わえることもあります。

ロイター板　　　　　　　　ゴムチューブ　　　　　　　　坂道

ばらばらインターバル　　　　　　腕を振らない走り

❷「自己」との関わり

　学習のテーマを設定し，体の使い方やリズムに注目した学習が進められるような発問をしてみましょう。子どもの思考を促したり，動きを意識化したりするような発問を考えてみましょう。

　発問の例：「スムーズなバトンパスができるとどんな感じがしたかな？」
　　　　　　「どんな踏み切り方をするとよいのだろう」
　　　　　　「どんな助走のリズムが跳びやすいかな？」
　　　　　　「跳んでいるときの目線，手や足はどうなっているの？」

❸「他者」との関わり

　陸上運動において，競争に向かうことは自然な流れです。身長と走力によるノモグラムを使った競争や，ベスト記録との差を使った競争を行うことができます。また，個人戦にするか，チーム戦にするのか，組み合わせ方によって様々な競争の仕方で楽しむことができます。

4 学習の質を高める評価のポイント

　学びの評価は，陸上運動のおもしろさに触れ，どのような問いをもち，仲間と協働して取り組んでいるかを見取り，意味解釈していくことになります。

❶授業（単元）前

子どもにとって
陸上運動を楽しみにし，問いをもち，学習の見通しをもたせる。

教師にとって
陸上運動で味わわせたい動きのおもしろさを捉え，具体的な活動を準備する。

❷授業（単元）中

　以下の観点で子どもたちの活動を観察していくとよいです。

①陸上運動のおもしろさを味わえているか。
②問いをもって仲間とやり取りしながら，自分なりのコツを掴もうとしているか。
③仲間と協力して陸上運動の楽しみ方を広げているか。

子どもにとって
陸上運動のおもしろさに触れて夢中になり，運動したことを価値づける。

教師にとって
自己・他者・モノ（教材）の関わり合いからどんな運動の意味が生成されているのかを見取り，活動を促進する。

❸授業（単元）後

子どもにとって
陸上運動の活動を振り返り，次時へのめあてをもたせる。

教師にとって
意味解釈した評価から次時のプランや発問を考える。

（和氣 拓巳・神﨑 芳明・古木 善行・濱田 敦志）

❶ 短きょり走の基本をおさえよう！

超短きょり走から，はじめます。

まずは，５mから全力で走ってみましょう。じょじょにきょりをのばしていきながら，自分が加速する感じを味わうことからはじめましょう。

活動する場

30m	25m	20m	15m	10m	5 m	S

■スタートに注目しましょう

・スタートの反応は？

・体の使い方は？

■走り方に注目しましょう

・うでのふりは？

・足の運び方は？

② 短きょり走を発展させよう！

　基本の活動で気づいたことを大切にして，競争や記録のちょう戦を楽しみます。

競争する　友達やルールを変えて楽しみましょう。

友達
・いろいろな友達と。
・4人や5人で。

きょりやルール
・スタートの位置を変えてハンデ走。
・きょりを10m15mとのばして。

記録にちょう戦　友達にタイムを計ってもらってやってみましょう。

スタートからどこまでいけるかな？
・5秒で何mまで走れるかな。
・6秒，7秒と秒数をのばしていこう。

超短きょり走は，何秒かな？
・5mからやってみよう。
・10m，15mときょりをのばしていこう。

③ 短きょり走の学びを深めよう！

　友達のここがすばらしいを見つけます。
　スタートからゴールするまでの流れの中で，上手に加速するためのポイント見つけましょう。

ゴール

走り方

スタート

❶ リレーの基本をおさえよう！

自分たちの合計タイムにちょう戦します。

・20m走の記録を計測しましょう。

・ペアの20m走のタイムを合計して，それを縮めることを目標にしましょう。

活動する場

| 40m | | 25m | 20m | 15m | | S |

テイクオーバーゾーン

バトンの受け取り方

受け取る側→①手のひらはL字型に開いて横に上げる。

②走り出したら，前を向いて。

わたす側　→①バトンは，おしこむようにわたす。

※これを基本にして，バトンをわたす側と受け取る側で変えていきましょう。

走り出す位置

まずは，10足長で走り出す位置を決めます。スピードがつながる位置は，どこからスタートすればよいのか，スタートダッシュはうまくいっているのかなど考えながら取り組んでみましょう。

走る順番

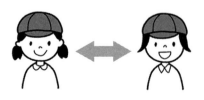

第1走者と第2走者を変えてみて，自分と友達のどちらが，わたす側と受け取る側になるとよいのか，何度か試してみましょう。

❷ リレーを発展させよう！

いろいろな状きょうでもスピードがつながるように，ルールや場を工夫します。

友達
・最初のペアとは，ちがう友達と。
・ペアから３人組や４人組に増やして。

きょり
・きょりを20mから40mとのばして。

競争をやってみよう
・ペア対こう，チーム対こうで。
・きょりを変えて。

❸ リレーの学びを深めよう！

友達のここがすばらしいを見つけます。
バトンをわたす側と受け取る側のスピードがつながるためのポイントを見つけましょう。

受け取ってから

バトンパス

走り出し

全力で加速しよう！（短きょり走）

年　　　　組　　名前

学習の進め方

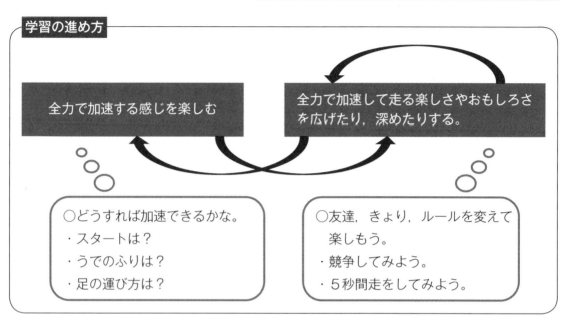

全力で加速する感じを楽しむ

全力で加速して走る楽しさやおもしろさを広げたり，深めたりする。

○どうすれば加速できるかな。
・スタートは？
・うでのふりは？
・足の運び方は？

○友達，きょり，ルールを変えて楽しもう。
・競争してみよう。
・5秒間走をしてみよう。

■学習の記録をつけましょう

時間	今日のめあて	活動したこと	感想

スピードをつなごう（リレー）

年　　　組　　名前

学習の進め方

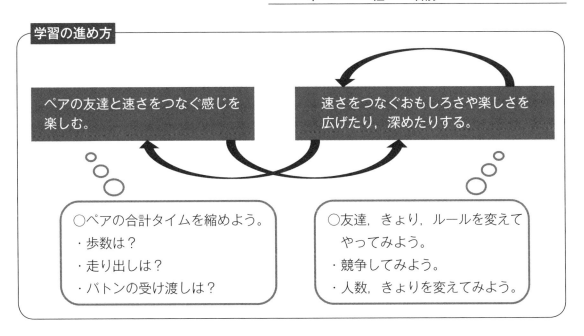

ペアの友達と速さをつなぐ感じを楽しむ。

速さをつなぐおもしろさや楽しさを広げたり，深めたりする。

○ペアの合計タイムを縮めよう。
・歩数は？
・走り出しは？
・バトンの受け渡しは？

○友達，きょり，ルールを変えてやってみよう。
・競争してみよう。
・人数，きょりを変えてみよう。

■学習の記録をつけましょう

時間	今日のめあて	活動の場や考えたこと	感想

1 ハードル走の基本をおさえよう！

ハードルをこすことばかりに目が行きがちですが，インターバルをしっかり走ることもとても重要になります。両方ができてリズミカルに走りこせるのです。

単元前半は，ねかせたハードルや段ボールを並べ，どのインターバルが3歩のリズムで調子よくとべるかをつかみます。まずは，自分とハードルとのやり取りを十分楽しみましょう。とんでいる友達がリズムをつかみやすいように，見ている人は「トン，いち，に，さーん」と声をかけてあげるとよいでしょう。

■ねかせたハードルで自分のインターバルを見つけよう

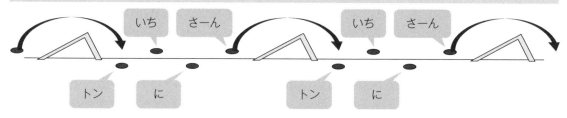

■一番低い高さのハードルでも同じインターバルをリズミカルに走りこせるかな？

次に同じインターバルで一番低いハードルでもとべるかを試しましょう。とべない場合はインターバルを50cm短くしてちょう戦しましょう。

なぜ，インターバルは3歩なの？

利き足でふみ切れることと，5歩のリズムだとハードルをとんでバランスをくずしても5歩の間に立て直すことができるのです。3歩のぎりぎりのちょう戦を楽しみましょう。

② ハードル走を発展させよう！

単元後半は，同じインターバルで，少し高くしたハードルでもとびこせるかにちょう戦していきます。

スタートから第1ハードル⇒ふみ切り（足のふり上げ）⇒空中フォーム（ふみ切り足のぬき）⇒着地（ぬき足の次の1歩）⇒インターバルを走る⇒第2ハードルへ　という運動をしています。
どのようにすれば速くリズミカルに走りこすことができるのでしょうか。自分たちで探求してみましょう。

スタートから第1ハードル

「どうやって走ったらいいかな？」

ふみ切り（足のふり上げ）

「どうやって足をふり上げる？」

空中フォーム

「空中ではどんな姿勢を取ればいいかな？」

ふみ切り足のぬき

「ぬき足はどうぬけばいいかな？」

友達と競争したいと思ったら，足の速さに関係なく競争を楽しむこともできます。めやす記録を求めて得点化をして競争しましょう。一対一の競争やグループでの競争など，いろいろな競争方法があります。

（めやす記録の求め方と得点表は学習カードに記載）

S	10m					G40m
6.5m(高)						
6.5m(中)						
6.0m(高)						
6.0m(中)						
5.5m(高)						
5.5m(中)						
5.0m(高)						
5.0m(中)						

学習の場

3 ハードル走の学びを深めよう！

どうすれば速くリズミカルにハードルを走りこすことができるのでしょう。

友達と見合い教え合いながら，学習を進めていきましょう。

タブレットがあれば，友達に動画をとってもらい，自分のフォームを確認しましょう。

ハードル走のおすすめ練習

トン，いち，トン，いちのリズムだね。

ハードルを上手に走り
こしたい。

歩きながら1歩の連続ハードルで，またぎこす感覚をつかもう。

慣れてきたら，きょりをのばして，イン
ターバル1歩の走りこしをしてみよう。

体を前にたおすとバランス
が取れるね。

どんなことに気づきましたか。

ぬき足を上手にしたい。

ぬき足が通る位置に画
用紙を立てて，画用紙
をねらって足をぬいて
みよう。

ひざを当てるのでは
なく，足首を当てる
ようにするんだね。

どんなことに気づきましたか。

ハードル走のポイントノート

年　　組　　名前

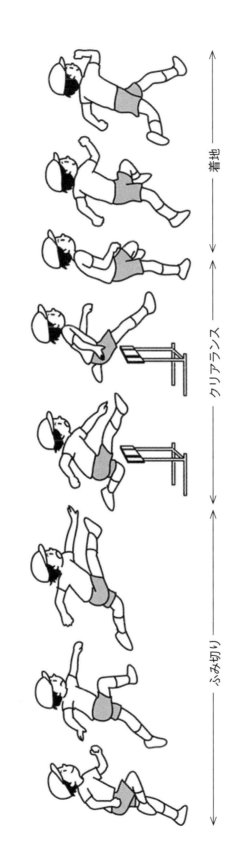

ふみ切り　　　　クリアランス　　　着地

気づいたことを自由に書いてメモしていこう。
自分だけのポイントノートができるよ。

3歩のリズムでリズミカルに走りこそう（ハードル走）

年　　　組　　　名前

学習の進め方

深める

広げる

やってみる

自分のインターバルを
見つけよう！

自分のインターバルで，もう少し高い
ハードルでもとびこせるかな？

■自分のインターバルを調べましょう

ねかせたハードルでのインターバルは

一番低いハードルでのインターバルは

■めやす記録を求めて友達と競争してみましょう

40m走のタイム ＿＿＿＿ 秒

めやす記録：40m走のタイム ＋0.2秒×5台（ハードルの数）＝ ＿＿＿＿ 秒

　めやす記録が速すぎる場合は，0.2秒（一台のハードルでロスする時間）を，0.3秒や0.4秒に変こうしましょう。

得点表

得点	10	9	8	7	6	5	4	3	2	1
40m走との差	1.0秒未満	1.0秒以上〜1.2秒未満	1.2秒以上〜1.4秒未満	1.4秒以上〜1.6秒未満	1.6秒以上〜1.8秒未満	1.8秒以上〜2.0秒未満	2.0秒以上〜2.4秒未満	2.4秒以上〜2.7秒未満	2.7秒以上〜3.0秒未満	3.0秒以上

最後の学習で走ったハードルのインターバル ＿＿＿＿ m　　高さ 高・中・低

■学習の記録を書きましょう

時間	今日のめあて	活動の場や考えたこと	感想
1			
2			
3			
4			
5			
6			

■学習をおえて　楽しかったこと　成長したこと　学んだことを書きましょう

1 走りはばとびの基本をおさえよう！

■とびこせるかな？

ブルーシートを
しいてみよう！

マットを
しいてみよう！

① 障害物を置いてとびこしてみよう！

② 障害物を長くしてとびこしてみよう！

③ とびこせるかとびこせないかのギリギリの長さを見つけよう！

自分のとべるギリギリは何cmだったかな？
もっと遠くへジャンプするにはどうしたらいいのかな？

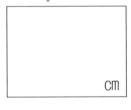

cm

とびこしてみて感じたこと
○
○
○
○

❷ 走りはばとびの活動を発展させよう！

走りはばとびは，助走→ふみ切り→空中姿勢→着地
の４つの動きに分けられます。
それぞれどのようにすれば遠くへとべるのでしょうか？
自分（たち）で場をつくって探求しよう！

助走

「何歩，何m，どんなスピードの助走がいいかな？」

・
・

使える道具
　マーカー，ケンステップ，メジャー等

ふみ切り

「どのようにふみ切ったらいいかな？」

・
・

使える道具
　とび箱１段目，ロイター板，ふみ切板等

空中姿勢

「どんな空中姿勢がいいかな？」

・
・

使える道具
　段ボール，ロイター板，コーン等

着地

「どのように着地するといいかな？」

・
・

使える道具
　マット，エバーマット，ケンステップ等

3 走りはばとびの学びを深めよう！

■学び合いの視点を確認しましょう

友達と学び合うポイント
○友達のよいところをほめよう！
○ICT機器で自分たちの動きを録画して見合ってみよう！
○どこから友達の動きを見たりとったりしたらいいか考えてみよう！

自分の活動をふり返りながら，めあてに沿って場を変えていこう！

友達のとび方を見たり，アドバイスをもらったりしよう！

友達と競争してみよう！

友達がつくっている場を体験させてもらおう！

■ICT機器の具体的な活用方法を考えてみましょう

A君：「○○さんの動きがタブレットでとるとよく分かるね！」
B君：「助走→ふみ切り→空中姿勢→着地の視点でどこがよい動きか考えよう！」
A君：「○○さんのふみ切りの□□がいいね！」
B君：「自分の動きと比べてみようよ！」

走りはばとびのポイントノート

年　　　組　　　名前

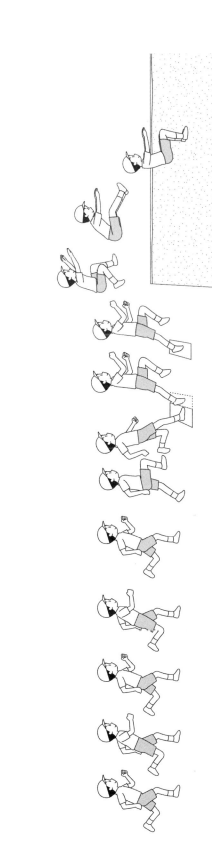

友達といっしょに気づいたことを自由に書いてメモしていこう。
自分だけのポイントノートができるよ。

走りはばとび「より遠くへとぼう！」

年　　　組　　名前

学習の進め方

深める

走りはばとびって
おもしろいな！

広げる

友達に見て
もらおう！

自分の理想のとび方が
分かってきたぞ！

いろいろ試して
みよう！

友達と競争して
みようかな？

やってみる

ロイター板を使って
みようかな？

段ボールを使って
みようかな？

友達はどんなとび方を
しているのかな？

まずはとんで
みよう！

もっと遠くにとぶには
どうしたらいいんだろう？

■授業のふり返りを書きましょう

より遠くへとぶための 自分のめあて	めあてを達成するために行ったこと新しく気づいたこと できるようになったこと，できなかったこと，次にしたいことなど
第　1　時	

第　　時	

■これまでの記録をふり返って，第1時の記録と比べてみましょう

第1時		第　　時
cm		cm
第1時との記録の差		cm

■学習をおえて楽しかったこと，成長したこと，学んだことを書きましょう

1 走り高とびの基本をおさえよう！

■とびこしたいものをとびこそう

　生活の中で，「あれはとべるかな」と思った経験や，見つけて思わずとんでしまったというような経験はありませんか。最初の1時間は，「とびこしたい」と思うモノをとびこしてみる時間にしてみませんか。とびこせるモノよりも，とびこしたいモノを探したり，つくったりして，高くとびこす世界を十分に味わってみましょう。

■バーにちょう戦！心地よくとべるかな？

　より高さにこだわっていくために，高とびのバーやゴムひもなど，はばがないものを使って学習します。きょうふ心があるときは，ゴムひもがおすすめです。引っかかって痛くないので，勇気を出して思い切り高くとんでみよう。

❷ 走り高とびの活動を発展させよう！

■高くとぶためのコツは何でしょうか。自分の言葉で表現してみましょう

どんなふみ切り方をしている？

とんでいるときの目線や手足はどうなっている？

どんな助走がいいのかな？

着地はどうすると安全かな？

■モノを使うと，動きの感じにちがいはあるでしょうか

こんな感じ

こんな感じ

こんな感じ

73

3 走り高とびの学びを深めよう！

■友達と競争してみましょう（個人で競ったり，チームで競ったりすることができます）

身長と走力を使った競争

> 自己の目標記録＝110＋（身長÷2）－（50m走のタイム×10）

の式から導き出します。

得　点	目標記録との差		
10	20　以上		
9	15	〜	19
8	10	〜	14
7	5	〜	9
6	0	〜	4
5	－ 5	〜	－ 1
4	－10	〜	－ 6
3	－15	〜	－11
2	－20	〜	－16
1	－21　以下		

目標記録 　　　　　　　　　　　　cm

ベスト記録を使った競争

得　点	ベスト記録との差		
10	20　以上		
9	15	〜	19
8	10	〜	14
7	5	〜	9
6	0	〜	4
5	－ 5	〜	－ 1
4	－10	〜	－ 6
3	－15	〜	－11
2	－20	〜	－16
1	－21　以下		

マイベスト記録 　　　　　　　　　　　　cm

走り高とびのポイントノート

年　　組　　名前

助走　　ふみ切り　　空中姿勢　　着地

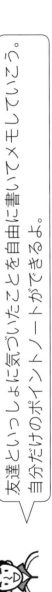

友達といっしょに気づいたことを自由に書いてメモしていこう。自分だけのポイントノートができるよ。

高くとびたい！（走り高とび）

年　　　組　　名前

学習の進め方

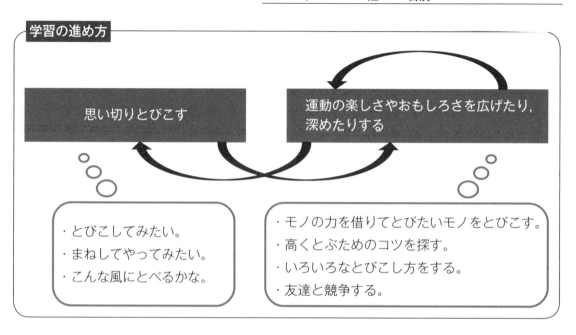

| 思い切りとびこす | 運動の楽しさやおもしろさを広げたり, 深めたりする |

・とびこしてみたい。
・まねしてやってみたい。
・こんな風にとべるかな。

・モノの力を借りてとびたいモノをとびこす。
・高くとぶためのコツを探す。
・いろいろなとびこし方をする。
・友達と競争する。

■学習の記録をつけましょう

時間	今日のめあて	活動の場や考えたこと	感想
第1時			

まとめ			

■学習をおえて楽しかったこと，成長したこと，学んだことを書きましょう

水泳運動

1 水泳運動はここがおもしろい！

❶いろいろな移動の探求がおもしろい

　水泳運動だけは水の中で行います。そのため，陸で行う他領域の運動では味わえない，水の中特有の動きのおもしろさと出会えます。これを「呼吸・バランス・移動」で整理します。

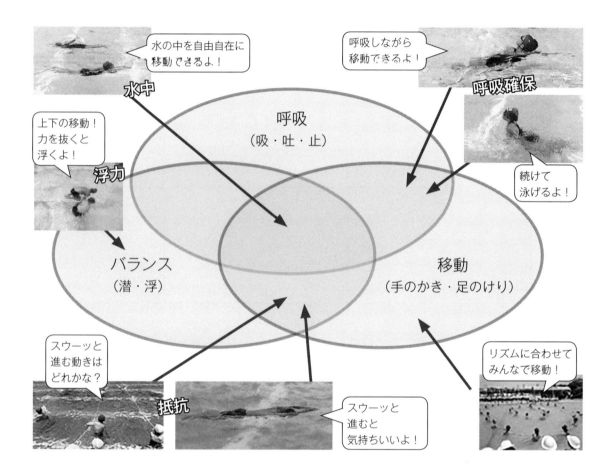

　水泳運動のおもしろさには「いろいろな移動の探求」があります。水中には浮力があり，水の抵抗があります。それゆえに，陸上とは違う移動のおもしろさがあります。高学年では「移動」に重点をおくことで，手足を交互にかく進み方（クロール）や手足を同時にかく進み方（平泳ぎ）など，水の中を自由自在に移動できるおもしろさを深めていくことができます。

体つくり運動

器械運動

陸上運動

水泳運動

ボール運動

表現運動

❷ 主体的・対話的に学ぶための指導方略

❶「まずやってみる・広げる・深める」という構成

水中での動きは,「浮力・水の抵抗」の影響を受け,「呼吸の確保」が必要であるため,陸上と異なる動きの感じや気づきと出会うことができます。「まずやってみる」という学習経験から,陸上と水中との動きの違いを感じることは,水泳運動のおもしろさです。高学年における「移動のおもしろさ」は,浮力を上手く使った呼吸の確保（安全確保につながる運動）と,抵抗に対応した姿勢や呼吸

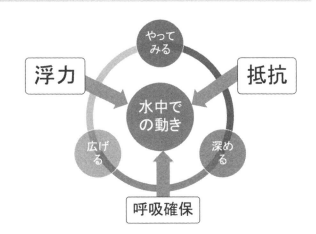

しながらのストロークなどに関する動きが,おもしろさを「広げる」「深める」ことになります。

❷「試す・ふり返る」を１セットにする

「試す・ふり返る」を１セットにした学習活動にすると,運動経験から得られる情報を整理したり,整理した情報をもとに試行しようとしたりすることができます。はじめは情報を得ることが中心になりますが,そのうち,自分が得たい情報を取りに行くための試行と,それが得られたかの思考も働きます。また,運動を「する」だけではなく「みる」という振り返りの視点にもなります。「みる」視点での情報は,動きの感じや気づきを,他者とも共有していく機会にもなります。

❸「水泳のおもしろさ」を広げる・深める学習形態と学びの成果

「移動」での人との関わりは,「移動のおもしろさ」を広げたり深めたりします。また,全員で同じ方向へ移動したり,行ったり来たりすると水流や波も発生します。水流や波に委ねることや逆らうことにより得られる動きの感じと気づきも広がり深まります。

「移動のおもしろさ」での主体的・対話的な学びの成果は,競泳「検定」だけに集約させると一元化します。ワークショップ形式や発表会など,学びを広げ,深めた成果を「交流」として位置づけることは,多元化した学びを,さらに広げたり深めたりすることができます。

③ 学びがグーンと深まる教材づくりのポイント

❶姿勢

　子どもたちの学びが深まる教材づくりのポイントはまずは「姿勢」とその変化です。

　姿勢とは，「水中での姿勢」です。浮力や抵抗との関係で「浮きやすい姿勢は？」「スウーッと進むときはどういう動きのときか？」などの問いで，浮力や水の抵抗における「自分の姿勢」に着目させます。

　姿勢変化での学びが深まるには，差異がポイントです。差異とは，陸上と水の動きの違い，どちらがやりやすくて，どちらがやりにくいかの違いです。浮きづらい動きや進みにくい動きは，浮き

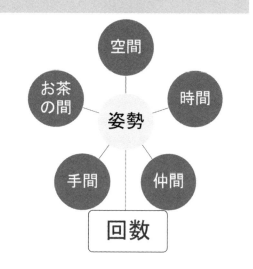

やすい動きや進みやすい動きを際立たせてくれます。「比べる」という手法が効果的です。また，このとき，姿勢は「対称」だけではなく「非対称」となると，多様な動きが引き出せます。

❷ごま（5間）

　ごま（5間）とは，サンマ（3間：空間・時間・仲間）に2つの「間（手間・お茶の間）」を加えたものです。

　空間とは，水の中での空間です。「移動」の中で「深さの移動」は「水面・水中・水底」となります。「長さの移動」は「ショート・ミドル・ロング」になります。また，航路と考えると，「まっすぐ・ジグザグ・蛇行・8の字」などが考えられます。

　時間とは，移動時間です。「ゆっくり・速く・時間ピッタリ」などがあります。

　仲間とは，人数です。1人，バディー，トリオなどがあります。

　手間とは，教材づくりでの教師のひと手間です。フープに短いホースを挟むと重りになり，縦に浮きます。子どもの学びを支えるのは，教材づくりのほんのひと手間です。

　お茶の間とは，家庭へのつながりです。とりわけ水の中での経験が少ない場合は，家庭と連携して，顔をつけることやお風呂で息を吐くことなどで，経験の回数を増やしていきます。

❸回数

　回数とは，気に入った動きを「繰り返すこと」や違う動きを「組み合わせること」です。繰り返しや組み合わせをつなぐためには，「つなぎ方」も学ぶ対象となり，「移動のおもしろさ」を広げたり深めたりしてくれます。

4 学習の質を高める評価のポイント

　水泳運動の学びの評価は，水中を移動する学習について，「何を（評価対象）」と「どうするのか（評価活動）」を整理することが大切です。そして，子どもの評価と教師の評価は常に対応し，授業前（業前）・授業中・授業後（事後）に分けて考えることができます。

❶授業（単元）前

　授業前は，安心・安全な水泳運動を進めるために，今の自分の体の調子をチェックしたり，水中での約束事を確認したりします。その上で，前時までの学習を想起して，本時の目標と見通しをもち，水中を移動する学習に向かう気持ちを高めるようにすることが大切です。

子どもにとって	教師にとって
自分の学習の出発点を確認して，学習の目標と見通しを立てる。	子どもの学習の準備状況を把握して，指導目標と指導過程を設定（再設定）する。

❷授業（単元）中

　授業中は，水中を移動する動きを自分で振り返る活動（自己評価）や，友達からのアドバイスや伝え合う活動（相互評価）での情報から，予定通りや期待通りに進んでいるかを確認します。その結果をふまえて，学習の仕方を継続するのか，修正や改善をするのかを決めます。

> ①力を入れず，楽に長く浮いたり泳いだりすることができましたか。
> ②少ないストロークで長く泳ぐにはどうしたらよいかを仲間に伝えることができましたか。

など，思考・判断したことを表現する場面設定に際しては，水上や水中での運動観察での他者からの評価情報が対話を通した自己評価の充実になります。

　なお，水中を移動するおもしろさの探究には停滞時期もあり，特に授業中では，子どもたちが「何を」修正・改善し，教師は「どのような」支援を施すかが鍵です。「浮力・抵抗・呼吸確保」は水中での動き方，前掲の「5間」は行い方のアクセスポイントになります。

子どもにとって	教師にとって
予定通り期待通りに学習が進んでいるかを確認し，必要に応じて学習の仕方を修正・改善する。	学習の進み具合を把握して，必要に応じて学習の支援を施す。

❸授業（単元）後

　授業後は水中を移動する学習に関する本時の目標がどの程度達成されたかを振り返るとともに，楽に長く水中を移動するにはどうしたらよいかを探究する気持ちを評価することが大切です。

子どもにとって	教師にとって
本時の目標はどの程度達成したかを振り返り，次の学習の見通しをもつ。	本時の指導目標がどの程度達成されたかを振り返り，単元目標へ向かうように学習を方向づける。

（大塚 圭・松田 綾子・野村 麻衣・鈴木 一成）

体つくり運動

器械運動

陸上運動

水泳運動

ボール運動

表現運動

1 安全確保につながる運動の基本をおさえよう！

もしも，海や川で事故にあったら……
あなたは，どうしますか？

背うき

全身の力をぬいて，楽にういてみましょう。

・顔以外は水につけよう！
・あごを上げよう！

身近なものを使ってういてみましょう。次の中からあなたは何を選びますか？　どうやって
使うと，うきやすいか考えてみましょう。

連続だるまうき

うきしずみによって呼吸のタイミングをつかみましょう。

・ういてくる動きに合わせて両手を動かしてみよう！
・顔が上がったしゅんかんに息をパッとはき出そう！
・ゆったりと同じリズムでやってみよう！
・あごをひいて，ひざを見てみよう！

☑ 安全確保につながる運動を発展させよう！

自分でうき方や泳ぎ方を決めて，めあてをもって取り組もう。
ういたり泳いだりした時間をカードに記録しておこう。

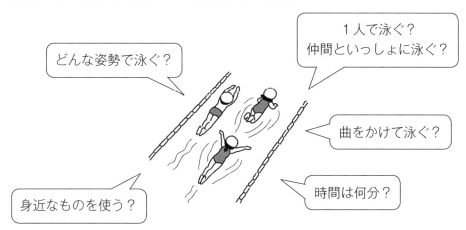

うき方や泳ぎ方（姿勢・人数・使うものなど）	時間

知っておこう！着衣泳（着衣をしたままでの水泳運動）

 なぜ，着衣泳をするの？

 どうして「服を着たまま」「くつをはいたまま」なの？

 服を着たまま泳ぐという，もしもの状況でも，学んだことをもとに，「あわてず，うく」「うくものを使って，うく」ことによって自分の身を守ることにつなぐことができます。

 服を着ていると体温の低下を防ぎ，くつをはいていると，うき輪の役目をするからです。

❸ 安全確保につながる運動の学びを深めよう！

■楽に呼吸して，ういたり泳いだりしている人を見つけましょう

一人ひとりの動きや姿勢をくらべ，見つけた気づきを伝え合おう。

■楽に長くういたり泳いだりするため動きをイラストでかいておきましょう また，そのときに感じたことも書いておきましょう

自分がういたり泳いだりして感じたことをつないで考えてみよう。

安全を確保するために大切な２つの動き
① 安定して呼吸ができること
② 安定してうくこと

水泳学習カード　～安全確保につながる運動～

年　　　　組　　　名前

■めあてを書きましょう

め

■基本の活動をふり返りましょう
ウキうきチェックポイント（よくできた◎　できた○　もう少し△）

背うき		補助ありうき		連続だるまうき	
あごを上げて		仲間に支えてもらって		口の位置は水面すれすれに	
おへそをつきだすように		ビート板を使って		顔を上げすぎないように	
ふとんにねるように		ペットボトルを使って		ゆったりと同じリズムで	

■学習をふり返りましょう（よくできた◎　できた○　もう少し△）

ふり返りポイント	評価
①　進んで学習することができた。	
②　約束やルールを守って学習することができた。	
③　友達と関わり合って学習することができた。	
④　「安定して呼吸をすること」や「うくこと」について学んだことを書きましょう。	

■1 クロール・平泳ぎの基本をおさえよう！

■基本の移動を確認しましょう

水中ウォーキング

かたまで水につかって水のていこうを感じてみよう。「パッ」と言う時は，口を大きくあけよう！

- ・水をつかんで，後ろにおし出してみよう！
- ・走ったり，ケンケンしたりして，足がプールの底からはなれる時間を長くしてみよう！
- ・交互にかいたり，同時にかいたりしてみよう！

ボビング

頭を水の中に入れて「ンー・パッ」のリズムでやってみよう。

- ・水の中では，口をとじて「ンー」と言って，鼻から息を出そう！手のかきがあるとやりやすいよ！
- ・水上では勢いよく「パッ」と言って息をはこう！
- ・親指を外側にして，かかとをつけて勢いよくジャンプすると，平泳ぎと同じ足になるよ！

けのびロケット

かべをしっかりけって，水中をスゥーッと進んでみましょう。

けのびロケット ＋ 交互（こうご）ストローク・交互キック（クロール）

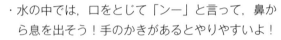
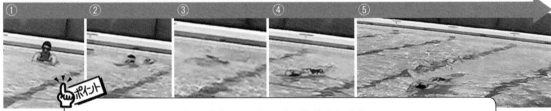

①　②　③　④　⑤

- ・かべをける前に一度しずんで，けのびの準備をしよう！
- ・まっすぐうでをのばして耳をはさんでみよう！
- ・両足そろえて！あごをひいて！おへそを見て！
- ・のばしているうでをまくらにするイメージで顔を横に向けて呼吸をしよう！
- ・足はつけ根から動かそう！　大きく力強く水をかこう！

けのびロケット ＋ 同時ストローク・同時キック（平泳ぎ）

- ・呼吸した後に，けのびロケットの姿勢で体をまっすぐにしてみよう！
- ・足の裏で水をおし出そう！　手をかくと同時に呼吸しよう！　手はコンパクトにかこう！

2 クロール・平泳ぎを発展させよう！

■スイミングゴルフにチャレンジしましょう

スイミングゴルフは，自分できょりを選び，手のかき（ストローク）の回数をどれだけ少なくして泳げるかを競います。

得点方法

「きょり」－「ストローク」＝「得点」

で自分の点数が分かるよ！

例：Aさん……ロングコース（25m）　ストローク20回　　25－20＝5
　　Bさん……ミドルコース（17m）　ストローク10回　　17－10＝7

得点が高い
Bさんの勝ち！

---

①コースを選ぼう！（コースがちがっても競争できるよ！）
　例：ロングコース…25m　　ミドルコース…17m　　ショートコース…10m

②部門を選ぼう！
　例：交互（こうご）ストローク（クロール）部門
　　　同時ストローク（平泳ぎ）部門

どのように泳げば少ない回数で泳げるかな？
けのびロケットやボビングでやったことを思い出そう！
コースやきょり，泳ぎ方をいろいろ変えてみよう！
得点の付け方になれてきたら，チーム対抗で競ってみても楽しそうだね！

❸ クロール・平泳ぎの学びを深めよう！

■進みやすいのはどんな姿勢か考えてみましょう

引っ張る方は重たかったのか，軽かったのか，ためしてみましょう。

■いろいろな姿勢で取り組んでみて，引っ張る方が感じたことと，引っ張られた動きをつなげてみましょう

※ひもは手にまきつけないようにしよう。

■ピタッと止まる方法も考えてみましょう

考えたことを伝え合って，試してみよう。

88

水泳学習カード　～クロール・平泳ぎ～

年　　　　組　　名前

■めあてを書きましょう

め

■スイミングゴルフにチャレンジしましょう

コースは，ロング（25m），ミドル（17m）ショート（10m）から選ぼう。

① 交互ストローク（クロール）部門

コース （選んだコースのきょり）	ストローク数 （かいた回数）	得点
例：　　　25	—　　　　20	＝　　　5　点

② 同時ストローク（平泳ぎ）部門

コース （選んだコースのきょり）	ストローク数 （かいた回数）	得点
例：　　　10	—　　　　12	＝　　　−2　点

■今日の学習を通して学んだことを書きましょう

ボール運動

1 ボール運動はここがおもしろい！

❶ゴール型のおもしろさ

「相手の突破を防いだり，相手の守備を突破したりして目的地にボールを運べるかどうか」がゴール型のおもしろさです。ボールを運ぶ最終局面の「シュート場面」に注目されがちですが，そのシュート場面をいかにつくり出すかといった戦術が重要です。

攻撃のプレイヤーはパスやドリブル，ランを意思決定して，守備を突破します。

シュートが入りやすい場所にボールを運べるかどうかがカギになります。

❷ネット型のおもしろさ

「チームで連携しながら自分のコートにボールを落とさせないで，相手コートにボールを落とせるかどうか」がネット型のおもしろさです。学習のはじめはラリーを続けることが課題となりがちですが，「ラリーを意図的に断ち切る」ことが重要な課題です。

自分のコートにボールを落とさせない守りから，攻撃へ組み立てます。

自分のコートの最前線から，ボールを送り込んでラリーを断ち切ります。

❸ベースボール型のおもしろさ

「相手の進塁を阻止したり，出塁して進塁したりできるかどうか」がベースボール型のおもしろさです。守備は相手の進塁を阻止するためにパス（中継プレー）をしたり，攻撃は多くの塁を取るためにボールを遠くに飛ばしたり（バッティング）することが，課題となります。

攻撃のランが早いのか，守備のフィールディングが早いのかを競い合います。

体つくり運動

器械運動

陸上運動

水泳運動

ボール運動

表現運動

2 主体的・対話的に学ぶための指導方略

❶ゲーム中心の学習過程

1単位時間の流れは,「ゲーム→ふりかえり（練習）→ゲーム」で進めることがポイントです。これは,ゲームで見つけた戦術的な課題を,ゲームで解決していくものです。子どもにとってもっとも行いたい活動はゲームであり,ゲームを通して学ぶことがボール運動の学習の基本です。ゲームを中心に学習を行い,必要感をもってチーム内での振り返りや練習に取り組むことが,子どもにとって「腑に落ちた」課題を発見することになりゲームのパフォーマンスの向上につながります。

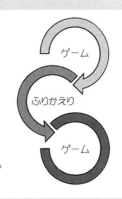

❷認知学習場面の充実

認知学習場面とは,グループでの話し合いや記録を取る時間です。コート数や学級の人数によっては,ゲームに出られずに待ち時間が多くなる場合があります。その際には,タブレットや記録カードなどを使ってゲームの様相を記録して,学習に参加させることが大切です。コートの外からゲームを見ることで,客観的に課題を見つけることにもつながります。

❸教師の役割

ゲーム中心の学習過程の中で子どもに戦術的な気づきをもたらすためには,教師の発問と課題提示が重要です。そこで,子どもの思考をゆさぶる（既習の概念を崩す）発問をしたり,仲間との協働が必要となる課題を提示したりします。また,ゲームをプレイ中の子どもに発問をするのではなく,コート外で記録をしたりタブレットを活用したりしている子どもにも発問することもポイントの1つです。

T:自分のコートにボールを落とさないようにするためにはどうすればいいかな？

C:守るところをチームで分担しよう。三角形にするといいかもね。みんなで声をかけ合うことも大切だね。

3 学びがグーンと深まる教材づくりのポイント

　ボール運動はウォームアップゲームから，メインゲームのように，ゲーム自体が発展していくのが特徴です。また，ゲームの発展のさせ方の視点の１つとして状況判断が複雑になっていくことが挙げられます。

　しかし，教師が提示したゲームをただ活動するだけでは深い学びを期待することはできません。そこで，子どもたちや学級の実態に応じた「マイゲーム」をつくっていくことで，ゲームを楽しみながらゲーム理解を深めることが可能になります。そのゲームを通して，戦術的な気づきを促すことで，活動がより発展していきます。以下，子ども用のページを活用して，発展のさせ方を説明していきます。

❶発展となる活動１（マイゲームをつくろう）

　子ども自らがゲームをつくりあげていくために，ルールづくりなどの「視点」を与えたり，気づかせたりすることも教師の役目です。右の吹き出しのような「ゲームをつくる視点」を子どもに提示してマイゲームをつくっていくと，学習が進みます。

マイゲームづくりの視点

子どもに考えさせたり，選択肢を用意したりして，子どもに選ばせることも大切です。

○発展となる活動１（マイゲームをつくろう）

ゲームのはじめ方はどうする？

ボールはどれにする？

ネットの高さはどうする？

ボールをつないでいい回数はどうする？

❷発展となる活動２（協力の仕方を工夫しよう）

つなぐ
問い：ボールを仲間につなげるためにどうすればいいでしょうか？

例
・パスを高く上げる
・パスする人を決めておく
・ブロックされないために早いパス

落とす
問い：ボールを相手コートに落とすためにどうすればいいでしょうか？

例
・相手のいないところに打つ
・後ろのほうに落とす，と見せかけて前に落とす
・打つ人がばれないようにする

　戦術的な気づきを促す問いを子ども用に掲載しています。同様の問いをゲーム中に子どもに投げかけながら，その運動の競争課題の解決のための方法を子どもに考えさせます。

　右には，戦術的な気づきを促す発問に対する，子どもの返答例を載せています。（あくまで返答例であり正解ではない）記入例を見せたり，枠に沿って切り取って返答例を見せなかったり，子どもの実態に応じて活用してください。

4 学習の質を高める評価のポイント

❶授業（単元）前

　単元をはじめるにあたり，子どもに「このゲームやってみたい！」と学びへ向かう気持ちをどれだけもたせられるかどうかが大切です。そのために，子どもの学習経験やボール運動への思いをアンケート等で確認します。

子どもにとって	教師にとって
自己の学習経験やもっている力，ボール運動への思いを知ることで，単元への思いや自己の課題に気づけるようにする。	子どもの学習経験やボール運動への思いなどの実態を捉え，それをもとにはじめのゲームを考え，提示する。

❷授業（単元）中

　授業中は，チームの仲間との対話や学習カード，教師の働きかけによって，自己の課題をどのように解決したらよいかに気づかせていくことが大切です。チームの戦術に対して，自分はどんな役割をしようとしているのか，どのように技能を身に付けようとしているのか，またそれを他者に伝えているかを学習カードやICTの活用，観察を通して，一人ひとりの課題を把握し，学びの進め方が適切かどうか評価していくことが必要となります。

子どもにとって	教師にとって
一人ひとりの特徴に合った役割を考えられているか，得点や守備のために必要な動きやボール操作ができているか振り返り，プレイを改善させるようにする。	得点や守備のためのチームの戦術に気づけているか，必要な役割を見つけられているか，動き方を理解できているかを見取り，言葉がけをしていく。

❸授業（単元）後

　授業後は，得点や守備をするための戦術的な気づきや自分ができるようになったことについて振り返らせ，新たな課題に気づかせたり次の運動につなげたりすることができるようにすることが大切です。学習カードで一人ひとりの思いを見取り，肯定的な言葉がけをしていくことがポイントです。

子どもにとって	教師にとって
得点や守備に必要なことや自分のよさや役割に気づかせることで，次のゲームにつなげさせるようにする。	振り返りをもとに子どもの学びの質を見取ることで，言葉がけや次の学習計画を検討していく。

（石井 幸司・福井 佑太・堀河 健吾・鈴木 直樹）

体つくり運動

器械運動

陸上運動

水泳運動

ボール運動

表現運動

1 ゴール型の基本をおさえよう！

■ゴール型のおもしろさは何でしょうか

■基本となる活動を確認しましょう

４対４で相手ゴールにボールを運ぼう！

〈ルール例〉
コート：バスケットコート位
ボール：片手でつかめる大きさ
ドリブル：なし
移動：ボールをもっているときは
　　　５歩まで
守備：ボールをもっている人には
　　　ふれない

■ウォームアップゲーム（体を動かしながら思考判断を練りこんでいること）を確認しましょう

オニ遊び

ねらい：相手（オニ）をかわしながら，移動しよう。

やり方：オニ役を３〜５人ほど決めて，２〜３分間にげる。つかまったらコート外に出る。

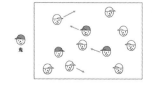

宝運びオニ

ねらい：相手（オニ）をかわしながら，モノをゴールに運ぼう。

やり方：オニゾーンにいるオニをかわしながらとっぱし，安全ゾーンに宝（ボール）を運ぶ。

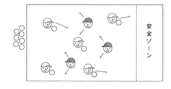

❷ ゴール型を発展させよう！

■マイゲームをつくりましょう

ボールの運び方はどうする？

ボールはどれにする？

コートの大きさはどうする？

ゴールの形や大きさはどうする？

人数はどうする？

■みんなで考えたルールを書きこみましょう

3 ゴール型の学びを深めよう！

ボールを運ぶ

問い：相手ゴールにボールを運ぶにはどうしたらよいでしょう？

相手をとっぱする

問い：相手の守備をとっぱするにはどうしたらよいでしょう？

得点する

問い：ゴールを決めるためにはどうしたらよいでしょう？

守る

問い：得点させないようにするにはどうしたらよいでしょう？

どんなせめ方をしたかなカード（ゴール型）

年　　　組　　名前

■学習のテーマを書きましょう

■どんなチームを目指しますか

■チームのメンバーを書きましょう

■どのようなせめ方にするか，チームで話し合いましょう

■今日のせめ方についてふり返りましょう

1 ネット型の基本をおさえよう！

■ネット型のおもしろさは何でしょうか

■基本となる活動を確認しましょう

3対3で相手コートにボールを落とそう！

〈ルール例〉
コート：バドミントンコート
ネット：高さ180cm
ボール：軽めのボール
キャッチ：してもよい
つなげる回数：何回でもよい

■ウォームアップゲーム（ゲームで使う技能と意思決定を含んだ簡単なゲーム）を確認しましょう

2対2のミニゲーム

ねらい：ペアと協力して，相手コートにボールを落としたり，自分のコートにボールを落とされないようにしよう。

やり方：バドミントンの半分のコートで2人対2人でゲームをする。

アタックゲーム

ねらい：チームで協力して相手コートにボールを落とそう。

やり方：コートを中央に分けて，つないでアタックする動きを味わう。

2 ネット型を発展させよう！

■マイゲームをつくりましょう

ゲームのはじめ方はどうする？

ボールはどれにする？

ネットの高さはどうする？

キャッチはどうする？

ボールをつないでいい回数はどうする？

■みんなで考えたルールを書き込みましょう

3 ネット型の学びを深めよう！

落とされない

問い：自分のコートに落とされないようにするためにはどうすればいいでしょうか？

例
・チームで役割分担を決めておく
・コートを広く守る
・声をかけ合う
・こしを落として，ボールが来るのを待つ

つなぐ

問い：ボールを仲間につなげるためにどうすればいいでしょうか？

例
・パスを高く上げる
・パスする人を決めておく
・ブロックされないために早いパス

落とす

問い：ボールを相手コートに落とすためにどうすればいいでしょうか？

例
・相手のいないところに打つ
・後ろのほうに落とす，と見せかけて前に落とす
・打つ人がばれないようにする

どんなフォーメーションをしたかなカード（ネット型）

年　　　組　　名前

■学習のテーマを書きましょう

■どんなチームを目指しますか

■チームのメンバーを書きましょう

■最初の隊形（フォーメーション）はどうしますか

■今日のせめ方についてふり返りましょう

❶ ベースボール型の基本をおさえよう！

■基本となる活動を確認しましょう

ボールと走者のどちらが早くベースにたどり着くかな？

〈ルール例〉
コート：三角ベース
ボール：軽めのボール
用具：バット・ラケット
得点方法：1塁（1点），2塁（2点），本塁（3点）
アウト方法：アウトゾーンにボールを送る

■ウォームアップゲーム（伝承遊び）を確認しましょう

だるまさんがころんだ

ねらい：できるだけ少ないプレイ回数でオニにタッチできるようにしよう。

やり方：オニは後ろを向いて「だるまさんがころんだ」と大きな声で言ってからふり向く。このとき子は止まっていなければいけない。止まれなかった子はアウトになり，スタートラインにもどり，再スタートする。

ろくむし

ねらい：オニがボールを投げ合っているスキをねらってコーン間を往復しよう。

やり方：オニがボールを投げ合っている間に，ボールをもっているオニにタッチされないようにコーンの間を往復する。コーンまでついたら「いちむし，にむし…」と声を出し，「ろくむし」になったら，ゴール。アウトになったら，再スタート（ゼロむし）する。

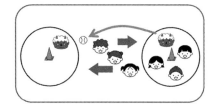

❷ ベースボール型を発展させよう！

どんな用具を使うと得点が取りやすいかな。また，どんな用具やコートにすると守りやすいかな。自分のチームや対戦相手と話し合って決めよう。

■どんな用具で打ちますか？

ラケットは，ボールに当たりそうだね。
バットは，当たると遠くまでとびそうだね。

■どんなボールを使いますか？

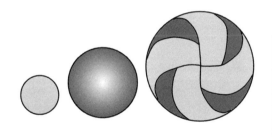

小さいボールは遠くまでとびそうだね。
やわらかいボールは痛くなさそうだね。

■ベースの数はどうしますか？
　アウトゾーンの数と位置はどうしますか？

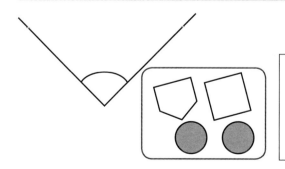

アウトゾーンの数と，アウトゾーンの中に入る人数も決められそうだね。

❸ ベースボール型の学びを深めよう！

攻撃

問い：たくさん得点を取るためにどこにどう打ったらいいでしょう？

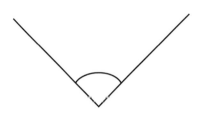

問い：打者以外の人はどんなことができるでしょう？

守備

問い：ボールをもっていないときにどのように動けばよいでしょう？

問い：最初の隊形（フォーメーション）はどうすればよいでしょう？

パターン１   パターン２

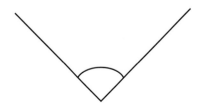

どんな守備をしたかなカード（ベースボール型）

年　　　組　　名前

チーム名　　　　　　　　　　　　　　　対戦相手

対

書き方

守備のメンバーの番号に印をつけよう。

① ／（ボールをさわった人）
② ○（アウトにした人）
③ ◎（中けいやカバーに入った人）

打席	守備のメンバー
1	1 ② 3 4 5̸
2	1̸ 2 3 ④ 5
3	1 ② 3̸ 4 5̸
4	①̸ 2 3 ④̸ 5
5	1̸ ② 3 ④ ⑤

自チームの友達がどのくらいボールと関わっているのかな。

相手チームのだれが守備に関わっているのかな。

1回

打席	守備のメンバー
1	1　2　3　4　5
2	1　2　3　4　5
3	1　2　3　4　5
4	1　2　3　4　5

2回

打席	守備のメンバー
1	1　2　3　4　5
2	1　2　3　4　5
3	1　2　3　4　5
4	1　2　3　4　5

3回

打席	守備のメンバー
1	1　2　3　4　5
2	1　2　3　4　5
3	1　2　3　4　5
4	1　2　3　4　5

記録者

表現運動

1 表現運動はここがおもしろい！

❶「なりきる」こと「ノル」ことのおもしろさ

　子どもたちはイメージやリズムの世界に入り込み，「なりきる」ことと，「ノル」ことを思いきり楽しみます。その「いま・ここ」の動きは鮮度が高く，生き生きしています。授業では子どもたちの表現の世界とその動きについて，すべて「正解」として，価値づけ，称賛していくことでおもしろさが広がり深まります。

手をつなぎ，ランダムに動くことで，大きく激しい台風を表現しています。

台風の過ぎ去った後，１本の木だけが残り，木々は折れ，枝や葉が散乱しています。

全員がリズムにのり，踊り合うことで生まれる一体感も最高です。

❷「新しい自分と出会う」おもしろさ

　表現運動のおもしろさの１つには，「新しい自分と出会うこと」があげられます。高学年の子どもたちはダイナミックな表現ができるようになる一方で，踊ることに対して恥ずかしさが大きくなる時期です。教え込むのではなく，子どもたちのイメージやリズムの世界を大切にして，没入することができれば，自然と体が動いてしまうような新しい自分を発見できます。

　非日常の世界は子どもたちにとって，とてもおもしろく，子どもたちは動きを表現することに夢中になり，新たな自分と出会うおもしろさを味わうことができます。

上下に振ったりクシャクシャに丸めたりする新聞紙に，なりきっています。

体つくり運動

器械運動

陸上運動

水泳運動

ボール運動

表現運動

2 主体的・対話的に学ぶための指導方略

❶単元構成～出会う・広げる・深める～

　いつの間にかイメージやリズムの世界に没入して体が動いてしまう単元構成が「出会う・広げる・深める」です。ここでは，表現の単元構成を例にします。

　「出会う」では，イメージしたことを踊り，題材に触れられるようにします。

　「広げる」では，ひと流れの動きを中心に踊り，簡単な「はじめ―おわり」をつけます。

　「深める」では，グループで活動し，ひとまとまりの動きに取り組み，発表会をします。

段階	出会う	広げる	深める
時間	1	2～4	5・6
学習活動	1　心と体をほぐす　　2　学習課題の確認		
	3　オリエンテーション ・いろいろな対決イメージをもつ 4　イメージして踊ってみる	3　踊る ・教師のリードで，ペアで踊る ・踊りを共有する 　目指す動きや関わりを共有 4　創る ・ペアでひと流れの動きで踊る ・簡単な「はじめ―おわり」をつける 5　観る 　・ペア同士で見合う	3　踊る ・グループで踊る ・踊りを共有する 　目指す動きや関わりを共有 4　創る 　・「はじめ―中―おわり」をつけたひとまとまりの動きを練習する 5　観る（交流会） 　・グループ同士で見合う

❷1単位時間の構成～踊る・創る・観る～

　上の表の単元計画のもとに，1単位時間は「踊る・創る・観る」で構成します。

　「踊る」では，教師のリードでペアやグループで踊ります。

　「創る」では，いろいろな動きを工夫してペアやグループで動きをつくっていきます。

　「観る」では，ペアやグループで動きを見合い，互いの動きよさを見つけ取り入れます。

　まず「踊る」がトップバッターにあることで，踊りを通しての学びの交流も実現できます。ここでの教師のリードは，動きそのものを提示したり，動きを言葉で導いたりして，子どもが即興的に踊れるようにします。踊り方を共有することも大切です。

　次の「創る」では，動きながらの対話的な活動がポイントです。

　そして，「観る」では，創ったひと流れの動きやひとまとまりの動きを見合います。そのとき手拍子や声援，ときには一緒に踊って，踊りで踊りを支える交流会も効果的です。

3 学びがグーンと深まる教材づくりのポイント

❶イメージやリズムの世界での動きを強調する「4つのくずし」

　イメージやリズムの世界での動きを強調すると，さらに表現運動のおもしろさが深まります。

そこで，右図の「4つのくずし」が教材づくりのポイントとなります。単独で選択することもできますが，複数を組み合わせて行うことで，動きが誇張されたり，変化とメリハリがついたりしていきます。

　「人のいない方向へ【空間】，速く【リズム】，跳んで【動き】，離れる【関わり】」といった動きはその一例です。

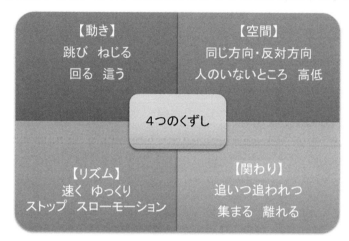

【動き】
跳び　ねじる
回る　這う

【空間】
同じ方向・反対方向
人のいないところ　高低

4つのくずし

【リズム】
速く　ゆっくり
ストップ　スローモーション

【関わり】
追いつ追われつ
集まる　離れる

❷関わり方の学習形態

　表現運動において，人との関わり方は，学びを深める大切な視点となります。人数は先ほどの単元計画の「出会う・広げる・深める」に対応させます。

　まず，「出会う」では，教師リードの下，個で行うことや，ペアで活動することを基本とします。ペアの活動では，「4つのくずし」の「関わり」で，「踊る・観る」という関係も学ぶことができます。特に，表現は，発信者が何を表現するかと捉えがちですが，受信者がどのように受け止めたかによって表現は決まることがあります。例えば，相手のパンチを受けたほうが飛ばされる動きをすれば，受けたパンチは強烈になります。反対に，ニコリと微笑めばそのパンチは優しいものだったことになります。こうした応対する関係を押さえて，「広げる・深める」では，2〜4人程度で，「個」から「集団」へと発展させていきます。

段階	出会う	広げる	深める
低学年	1人	1人	1人
中学年	1人	1〜2人	2〜4人（隊形）
高学年	1〜2人	2〜4人程度（隊形・集団）	2〜4人程度（隊形・集団）

体つくり運動

器械運動

陸上運動

水泳運動

ボール運動

表現運動

4 学習の質を高める評価のポイント

　表現運動の学びの評価は，大切なコミュニケーションです。イメージやリズムの世界での学びについて，動きの誇張，連続した動き，変化とメリハリなどの具体的な動きを自己評価するだけではなく，他者（教師・ペア・グループ・全体）との対話による共感的・肯定的な評価も大切なポイントです。

❶授業（単元）前

　授業前は，表現運動の学びへ向かう気持ちを育みます。例えば，曲を流したりして，イメージやリズムの世界へ導きます。また，前時の子どもの学習カードでの記述内容を教師が紹介したり子ども自身が読み返したりすることで，本時の学習目標と見通しを立てやすくすることも大切です。

子どもにとって	教師にとって
前時の学習カードの記述内容を読み返し，本時の学習目標と見通しを立てる。	前時までの想起の状態から，本時の指導目標と指導過程を設定（再設定）する。

❷授業（単元）中

　授業中は，主に「踊る・創る・観る」の一連の学習活動を自己評価や相互評価をします。

①気持ちと動きが途切れず踊ることができましたか。
②変化とメリハリ（ハッとさせる瞬間）について他者に伝え合うことができましたか。

など，気になる子どもやグループを中心に，できるだけ一人ひとりの学習の進み具合を把握して，積極的かつ具体的にアドバイスや問いかけなどの支援を施します。

子どもにとって	教師にとって
変化とメリハリについて確認し，表現運動の学習の修正や改善をする。	学習の停滞・加速・広がり・深まりを把握して，必要な学習支援を施す。

❸授業（単元）後

　授業後は，子どもが目標の達成状況を評価するとともに，その子どもの様子も含め指導目標の達成度を教師が振り返り，次時へつなげます。その際，子どもは学習カードで振り返るだけではなく，曲を流しておき，踊りで振り返ることも次時へ学びをつなげることになります。

子どもにとって	教師にとって
本時の目標の達成度を振り返り，次にどうしていくかの見通しを持つ。	本時の指導目標の達成度から，単元目標へ向かうための授業改善に努める。

（柄澤 周・仁木 拓雄・小野 光典・鈴木 一成）

1 表現の基本をおさえよう！

題材「大変だ○○！」

「台風」

> それぞれがぐるぐる回るところから
> だんだん大きくしていこう。

「火山」

> タイミングをずらして，くり返し上
> 下に動くとはげしさが表れるかな？

■グループでダイナミックに表現する方法を考えましょう

どんな動きにする？	どの方向にする？

題材「The 対決！」

「ボクシング
の対決」

> スローモーションでしょう突のはげ
> しさを表そう！

「チャンバラ
の対決」

> 相手の動きとタイミングを合わせて
> みよう！

■グループでダイナミックに表現する方法を考えましょう

どのような速さでする？	どうやって近づく？遠ざかる？

② 表現を発展させよう！

■ペアでダイナミックにしてみましょう

４つのくずしを使ってみましょう。

動きのくずし
力いっぱい弾けてみよう！

空間のくずし
最初は近くでやられるシーンは遠くまでとぼう！

リズムのくずし
速い動きから急にゆっくりにしてみよう！

かかわりのくずし
おたがいが反対方向にとんでみよう！

■グループでダイナミックに表現してみましょう

題材：大型台風

ストーリーをつくってみましょう。

❶まず，中心をつくろう！（４つのくずしを取り入れて！）

❷次に，はじめをつくろう
例：じょじょに台風が大きくなるよ！それぞれが回ってみよう！

❸最後に，おわりをつくろう
例：台風の後のバラバラな様子をそれぞれが表そう！

① リズムダンスの基本をおさえよう！ （補助的扱い）

■2つのリズムでやってみましょう①

2つのリズムで手拍子・足拍子（足ふみ）・口伴奏

ロック ＜ ♪ウン<u>タ</u>　ウン<u>タ</u>　　　　**サンバ** ＜ ♪ウン<u>タ</u>ッタ　ウン<u>タ</u>ッタ

　ロックやサンバの特ちょうを，手拍子や足拍子（足ふみ）でとらえて，音や声に出しておどりましょう！

■2つのリズムでやってみましょう②

座っておへそでリズムにのろう

「へそ」をボールのように，はずませよう！
上下！左右！ななめ！
ランダム！スイング！

ペアで交流ダンス

手をつないだまま
回ったり

背中合わせに
なったり

■2つのリズムでやってみましょう③

8844221111

　動きを1つ決めて，その動きを以下の流れで行います。

> まず，左の動きで8回ジャンプ・右の動きで8回ジャンプ
> 次に，左の動きで4回ジャンプ・右の動きで4回ジャンプ
> そして，左の動きで2回ジャンプ，右の動きで2回ジャンプ
> 最後に，左右の動きを4回ずつ！

　いろんな動きでやってみましょう。
　だんだん速くしてもおもしろそうです。

動きが思いつかなかったり，忘れたりしても大丈夫！「ジャンプ・スキップ・ハイタッチ」で気分を切らずにおどり切ろう！

❷ リズムダンスを発展させよう！ （補助的扱い）

■8844221111の動きに変化をつけてみましょう

「動き」の変化
例：「回ってとぶ」を組み合わせてみようかな？

「リズム」の変化
例：だんだん速くして，急にストップしちゃおう！

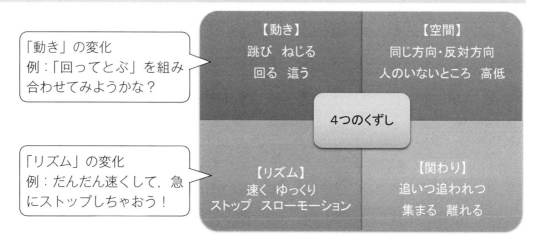

【動き】
跳び　ねじる
回る　這う

【空間】
同じ方向・反対方向
人のいないところ　高低

4つのくずし

【リズム】
速く　ゆっくり
ストップ　スローモーション

【関わり】
追いつ追われつ
集まる　離れる

■8844221111の動きにさらに変化をつけてみましょう

例を参考につくっておどりましょう！

例：　向かい合って　＋　反対方向へ　＋　とび上がる
　　「かかわり」　＋　「空間」　　＋　「動き」

■気に入った動きをつなげてメドレーダンス交流会をしましょう

　1時間や単元のおわりは「学習カード」でまとめるのではなく，一緒におどる「交流」でしめくくりましょう。おどりを「発表」するというよりも，考えたおどりをいっしょにおどって「おどり合う」というスタイルです。

　例えば，リーダー役のチームは順番に交代するメドレー方式があります。リーダーのグループの動きを他のグループがまねして動いたり，手拍子や体をゆらしながら声えんを送ったりして盛り上げます。曲流しっぱなしで，と中，列になったり円形になったり，他グループとすれちがったりすることで，リズムと空間を思いきり共有しましょう。

■ フォークダンスの基本をおさえよう！

■基本の踊り方を身につけておどろう

題材「マイムマイム」

　全員が1つの大きな円になっておどり，中心にいる先生の動きをみて基本のステップを言葉で覚えていきましょう！おどりを大づかみに身につけた時点で通しておどろう！

「前　横　後ろ　ピョン」
　　　　　　　　×4

「前　前　前　前」

「後　後　後　後」

「右　右　右」

「（左足）前・トン」×4

「（右足）前・トン　＆拍手」
　　　　　　　　×4

題材「ソーラン節」

　「どっこいしょ！」などのかけ声を全員でそろえて，気分を高めましょう！

　モニター映像を見ながらおどり，「クルクル・シャキーン」など，動きを言葉にして覚えてみましょう！

② フォークダンスを発展させよう！

■おどりの特徴をとらえてみんなでおどりましょう

マイムマイムのおどりの意味を考えましょう。

マイムマイムは，開たく地で水をほり当てた人々が喜ぶさまを歌ったイスラエルの楽曲です。

水が出たぞ〜！

水が出た喜びを仲間と分かち合おう！

> マイムマイムのかけ声のところは，水を見つけた喜びの気持ちを込めてみよう

グループでおどった感想を出し合おう

クラスでおどった感想を出し合おう

■おどりでふり返りましょう

学習のふり返りやまとめの時間を大切にしましょう。

最後も「おどり」でふり返ろう！

今日の学びをおどりでふり返ろう！

表現・（リズムダンス・）フォークダンスの学びを深めよう！

■いっしょにおどって「教え合おう」

題材「大変だ○○！」

ダイナミックに表現しましょう

見つけよう
仲間のよい動きを見ているときにいっしょにおどろう。

伝え合おう
仲間の動きでよかったところをおどって伝える。

取り入れよう
仲間の動きを取り入れておどろう。

交流しよう
仲間の動きを見合いおどって交流しよう。

　下の図は「きづ木〜たくさんの実をつけよう〜」です。「見つけよう」で見つけた仲間のよい動きや工夫したことを四角の中に書き入れましょう。

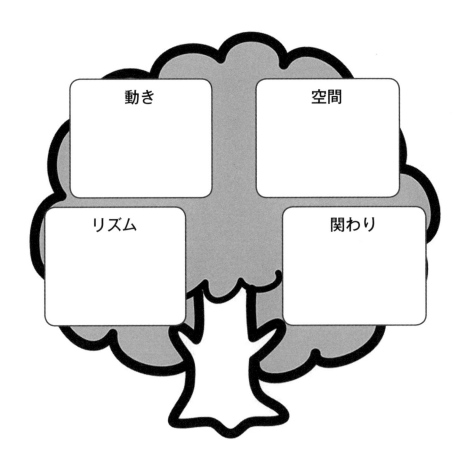

■立ち話検討会〜ビフォーアフターの視点〜をしましょう

右下の「おどり子カード」を使って，立ち話検討会をします。

おどる前に伝えておくこと

・伝えたい感じ

・動き方

・工夫しようとする点　など

おどった後に伝えること

・伝わった感じ

・動きのよさ

・工夫していたこと　など

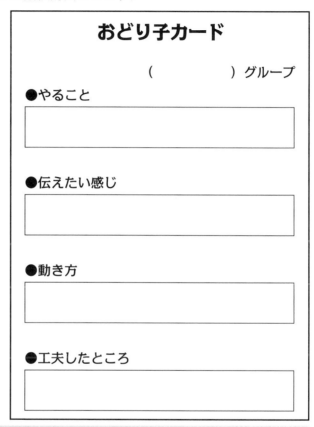

おどり子カード

（　　　　　　　）グループ

●やること

●伝えたい感じ

●動き方

●工夫したところ

■見合う場も工夫してみましょう

グループで工夫した動きや隊形の面白さをクラス全体で共有していきましょう。

1つのグループを集中して観るとき

複数のグループを観るとき

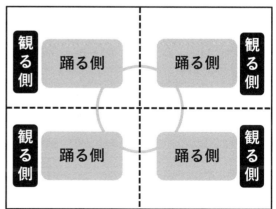

舞（マイ）カード

年　　　　組　　名前

	オリエンテーション				
1 〈　／　〉 ふり返り	めあて				
	めあてができた	◎	○	△	▲
	楽しくおどることができた	◎	○	△	▲
	進んで学習できた	◎	○	△	▲
	活動の場の安全に気を配ることができた	◎	○	△	▲
	（①できたこと，②その理由，③次の時間にがんばりたいこと）				
	（④友達のよい動き，⑤どんなところが）				

	テーマ 「生活」 ・洗たく機 ・お湯のふっとう				
2 〈　／　〉 ふり返り	めあて				
	めあてができた	◎	○	△	▲
	楽しくおどることができた	◎	○	△	▲
	進んで学習できた	◎	○	△	▲
	活動の場の安全に気を配ることができた	◎	○	△	▲
	（①できたこと，②その理由，③次の時間にがんばりたいこと）				
	（④友達のよい動き，⑤どんなところが）				

	テーマ 「自然」 ・火山 ・地しん				
3 〈　／　〉 ふり返り	めあて				
	めあてができた	◎	○	△	▲
	楽しくおどることができた	◎	○	△	▲
	進んで学習できた	◎	○	△	▲
	活動の場の安全に気を配ることができた	◎	○	△	▲
	（①できたこと，②その理由，③次の時間にがんばりたいこと）				
	（④友達のよい動き，⑤どんなところが）				

テーマ				
めあて				
めあてができた	◎	○	△	▲
楽しくおどることができた	◎	○	△	▲
進んで学習できた	◎	○	△	▲
活動の場の安全に気を配ることができた	◎	○	△	▲

4（　／　）ふり返り

（①できたこと，②その理由，③次の時間にがんばりたいこと）

（④友達のよい動き，⑤どんなところが）

テーマ グループでおどろう「　　　　　　　　　　」				
めあて				
めあてができた	◎	○	△	▲
楽しくおどることができた	◎	○	△	▲
進んで学習できた	◎	○	△	▲
活動の場の安全に気を配ることができた	◎	○	△	▲

5（　／　）ふり返り

（①できたこと，②その理由，③次の時間にがんばりたいこと）

（④友達のよい動き，⑤どんなところが）

テーマ 発表会をしよう 「　　　　　　　　　」				
めあて				
めあてができた	◎	○	△	▲
楽しくおどることができた	◎	○	△	▲
進んで学習できた	◎	○	△	▲
活動の場の安全に気を配ることができた	◎	○	△	▲

6（　／　）ふり返り

（①できたこと，②その理由，③次の時間にがんばりたいこと）

（④友達のよい動き，⑤どんなところが）

ステップアップの指導スキル

上手な体力テストの利活用の方法

❶上手な体力テストの利活用とは？

体力テストの目的は，国民の体力・運動能力の現状を明らかにするとともに，体育・スポーツの指導と行政上の基礎資料を得ることです。この目的から，上手な利活用法は「子どもの体力・運動能力の現状を明らかにして体育の指導の基礎資料を得ること」とすることができます。

❷体力テストの「事前・実施・事後」の利活用の方法

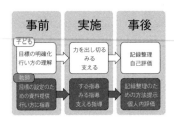

子どもが力を出し切る実施となるには，事前の「目標の明確化」と「行い方の理解」が必要です。高学年では，低・中学年の記録の変化をもとにした，個別の目標設定が可能です。事前と事後では，例えば，子どもが自分のデータを入力してグラフ作成をします（入力シートはサイトから入手可）。事前事後の数字を比べる

ことで，自分の伸びを実感できます。ランキングは本来の目的から逸脱しますので，個人内評価で活用します。「事前・実施・事後」の利活用サイクルは体力づくりの態度形成の一端を担う機会にもなります。

❸「５つの運動特性」のカルテとカリマネ

右図は体力テストが測定する運動特性を示したものです※。これは，例えば，反復横跳びと50m走の得点の総和で「すばやさ」を示すことができます。これにより「５つの運動特性カルテ」の作成が可能です。また，下表は学習指導要領における運動の領域と体力テスト項目の運動特性の関連を示した

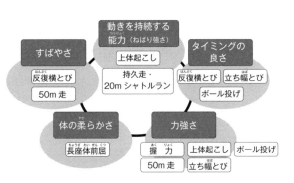

ものです※。これは，「すばやさ・ねばり強さ・タイミングの良さ・力強さ・体の柔らかさ」のカリキュラム・マネジメントの参考資料となり，運動特性の観点から体力を捉えた指導に活用することができます。

学年	運動の領域	すばやさ	動きを持続する能力（ねばり強さ）	タイミングの良さ	力強さ	体の柔らかさ
小学5・6年	体つくり運動	●	●	●	●	●
	器械運動			●	●	●
	陸上運動	●		●	●	
	水泳		●	●	●	
	ボール運動	●	●	●	●	
	表現運動		●	●		●

※文部科学省（2012）「子どもの体力向上のための取組ハンドブック」

（鈴木 一成）

上手な保健の授業との関連のさせ方

❶保健の見方・考え方

　身近な生活における課題や情報を，保健領域で学習する病気の予防やけがの手当の原則及び，健康で安全な生活についての概念等に着目して捉え，病気にかかったり，けがをしたりするリスクの軽減や心身の健康の増進と関連づけます。

❷保健教育の推進とカリキュラム・マネジメント

　子どもや学校，地域の実態を適切に把握し，教育内容を教科等横断的な視点で組み立てていき，教育課程の実施状況を評価してその改善を図っていくカリキュラム・マネジメントが求められています。

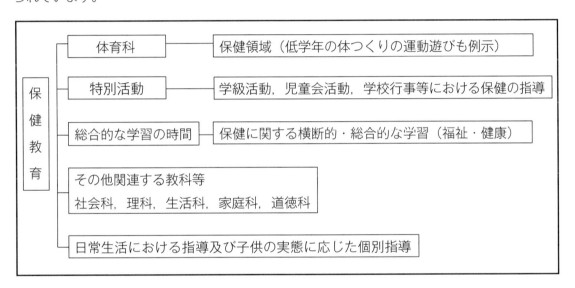

❸関連を図る例

・高学年「病気の予防」，特別活動（児童会活動）

保健委員会の「虫歯の予防キャンペーン」において，虫歯や歯ぐきの病気で学んだことを活かして全校集会などで発表する活動を創意・工夫させます。

・高学年「病気の予防」，総合的な学習の時間（福祉・健康）

高学年の「病気の予防」において，地域には保健に関わる様々な活動が行われていることを学んだ後，健康の維持や増進を図るために行政等が実施していることを調べます。そして，自分自身が取り組んでいくことを考えるなど，課題を解決する行動につなげる学習を行います。

（石井 卓之）

〈引用文献〉

　文部科学省（2019）『改訂「生きる力」を育む小学校保健教育の手引』

上手な体育的行事との関わり方

　体育的行事といえば，一番に運動会が思い浮かびます。私の住む長野県では，熱中症対策や二学期制，大きな行事を学期で分けるなどの理由から，秋から春の運動会に移行してきていて，春と秋の割合は半々ぐらいです。また，時間を短縮して，午前中で競技を終えて，お弁当はなしという学校も増えてきています。

　運動会の準備体操は現在もラジオ体操を行っているのでしょうか。1999年，私が勤務していた小学校で，心と体が弾む子どもを育成していきたいというねらいで，運動会前にダンス大会を開催し，プログラムの1番に準備運動を兼ねて「全校ダンス」として踊りました。どのクラスも朝の会や帰りの会で，ダンスの時間を設けて自主的に練習しました。これが現在も続いて，伝統となっています。ダンス大会はノリのよい課題曲を決めて，クラスごとにある程度の揃った振りつけを決めますが，必ず自由に踊る場面を取り入れるようにします。体育館でクラスごとの発表を行い，実行委員が用意した「ノリノリだったで賞」などの賞状で表彰されました。

　運動会の種目は先生が頭を悩ませてつくっているのでしょうか。それとも，毎年行う種目が決まっているのでしょうか。現在，スポーツ共創ワークショップ「未来の運動会」が行われています。これはスポーツ庁の「スポーツ人口拡大に向けた官民連携プロジェクト 新たなアプローチ開発」事業の一環として行われています。自分たちで思考錯誤しながらおもしろい運動会種目をつくっていくというものです。「主体的・対話的で深い学び」にしていくためには，実行委員会を組織して，子どもたちを運動会に参画させ，企画運営の中心としていくことが何より大切になります。はじめは時間がかかるかもしれませんが，毎年経験をしていくことで，子どもたちが成長し，スムーズな運営ができるようになると思います。そして，地域に根づいた運動会にしていくことで，特色のある学校経営になるとともに「社会に開かれた教育課程」の実現になると考えられます。

（濱田　敦志）

上手な保護者との連携の仕方

　学校公開にお邪魔して，３年生のゲームの指導をしているときのことでした。指導する先生は，子どもたちにゲームでの協力の仕方を考えさせようと全体指導で問いを投げかけ，グループを回って，ゲーム状況に応じた発問をして理解を促進させようとしていました。子どもたちが主体的にゲームを手がかりに戦術的な理解を深めるようにしていきたいと考えていたのだと思います。そんなときに，壁際で見ていた保護者が，作戦会議の輪の中に入って指示を出しはじめました。それも１人だけではなく，複数人の親が入って，ホワイトボードを使って作戦を提案しています。そして，ゲームがはじまると，大きな声で指示を出し，まるで熱血監督になったかのように指示を出していきました。そして，見事にその保護者が指示を出したチームが勝利すると，一言，「俺のいう通りにやれば勝てるだろ……」と子どもたちに声がけをしました。勝利した子どもたちも嬉しそうです。しかし，この様子を見ていた教師は複雑な顔をしています……なぜなら，指導していた教師にとって，勝利が目的ではなく，勝利を目指して競い合っている中で，子どもたち自身に戦術的気づきをしてほしいと願っていたわけですから……。

　このように，保護者は最終的な結果に注目する傾向にあり，「できた／できない」「勝った／負けた」という二項対立する価値で，成果を評価することが多いと思います。一方で，学びのプロセスの中に見出せる学習成果こそ，教師は大切にしたいと考えていると思います。家庭と学校が真に連携していく為には，子どもがよりよく学んでいる像を共有する必要があります。そこで，このような学校公開は絶好の機会になると考えます。大切なのは頑張っている子どもの姿を見ることではなく，見たことをもとにして考えることだと思います。そこで，保護者と授業での子どもの様子を手がかりに話し合う場を設定すべきだと思います。そして，その中で保護者とともに考え，「なってほしい子ども像」を共有していく機会をつくるべきです。

　そのような特別な機会だけでなく，日頃から子どもの学びを発信していくべきです。体育の成果は，記録や順位で把握される傾向にありますが，ICT 機器を利用して学びの変化を動画で示したり，学級通信や体育通信などでは，学びのプロセスを大切にした記述を提示することで，保護者の着眼点も変化していくと思われます。

　そして，積極的に保護者の協力を得てはどうでしょうか？　体育では，安全面の関係からも多くの支援者がいれば助かる場面もあると思います。積極的に，体育の学習の場に足を踏み入れることで，学びの内側の世界から学習成果について理解するようになっていくと思います。そして，その理解は，親のネットワークを介して大きく広がっていくものと思われます。学校を閉じるのではなく，学校を開いて親ともチームでアプローチするような授業づくりが，上手な保護者との連携の仕方につながると思います。

（鈴木 直樹）

❶スポーツジムでの１コマ

厚生労働省が発表した平成30年度簡易生命表によると，平均寿命は男性が81年，女性が87年となり，前年を上回る傾向が続いています。また，介護を受けたり寝たきりになったりせずに日常生活を送れる期間を示す「健康寿命」は，平成28年度は男性72歳，女性は75歳です。しかし，両者の間には男性で９年，女性で12年の開きがあります。超高齢化社会に向けて，健康寿命を平均寿命に近づけることは重要となります。

私の通っているスポーツジムには，姿勢がよく上腕二頭筋がしっかりと浮き出る70歳代から80歳代の方が数多くいます。ほぼ毎日，ジムがオープンしてから夕方まで，お弁当持参でお仲間と楽しく語らい合いながら汗を流しています。お話を聞いていて気づいたことの１つに，若い頃は決してスポーツが得意ではなかったということがありました。仕事をリタイアしてから健康のためにジムに通いはじめたら，運動することそのものが楽しくなり，結果としてフレイルとは無縁の生活を送っているとのことでした。（フレイル：日本老年医学会が提唱した概念で，健康な状態と要介護状態の中間に位置し，身体的機能や認知機能の低下が見られる状態）

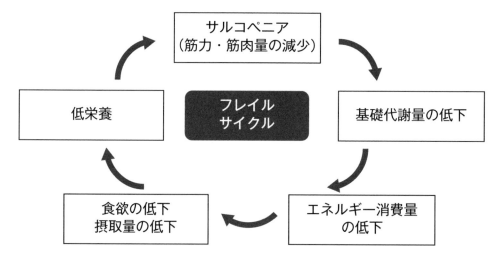

また，家庭では独り暮らしをしていても，ジムに来ると友達がいていろいろな話ができるので，心の健康も維持できるとお話されていました。運動が契機となって，生活が充実するというすばらしい事例が，ここにはあります。

体育科の目標の中に，「生涯にわたって心身の健康を保持増進し豊かなスポーツライフを実現する」という文言があります。ジムに通う動機はいろいろあると思いますが，ご高齢の方は，健康の保持があります。運動が得意でなくても自分の健康課題の解決のために，どう運動を行っていくのかを考えられる資質・能力を養うことは，今後のクオリティ・オブ・ライフ（QOL）の観点からも必要不可欠となります。

❷体育の授業の現状

　小学校１年に入学してきた子どもたちは，いろいろなことを楽しみにしています。「先生，まだ勉強しないの」「今日はこれで終わり？　もっとたくさん勉強したいなぁ」と意欲満々です。ところが５月に入る頃になると，勉強が嫌いな子どもが出てきます。その要因に，他の子どもと比べて自分ができていないという現状を知ることがあります。教師の評価もどうしても「できる，できない」に偏る傾向があります。

　体育の授業ではどうでしょうか。１年生は体を動かすのが大好きです。鬼ごっこをするといつまでも校庭を走り回っています。「体育，大好き」という子どもがたくさんいます。しかし，できないことが増えていくと，だんだん体育が好きな割合が下がってきます。

　残念なことに日常の体育の授業を見ていると，旧態依然とした一斉・画一型の授業，技能の達成が主なねらいとなっている授業がまだまだ多くあります。「学ぶ」は「まねぶ」からきていると言われていますが，教師の指導方法も，自分がかつて受けてきた授業をトレースする傾向があります。ゲームやボール運動では，まず練習から入る授業や子どもたちの実態をふまえずに学習指導計画に練習が位置づけられています。必要感のある課題を解決するのではなく，種目等をうまくする授業が脈々と引き継がれています。

❸授業を変えるそして…

　その一方で，子どもたちの実態を的確に捉え，学習指導計画を立てているすばらしい授業も行われています。解決したい課題を明確にし，授業を通してどのような力をつけることができるかというゴールイメージを子どもたちに示しています。また，最低限の指導すべきことをしっかりと位置づけ，授業の様相に合わせて子どもに任せる時間を段階的に増やしていくことも行われています。

　学習指導要領が改訂され，主体的・対話的で深い学びの実現に向けた授業改善が求められています。その要素は，今行われているすばらしい実践の中にも数多くあります。本書には，そのヒントとなる授業のエッセンスがあります。子どもたちが体育の時間を待ちわび，楽しそうに活動しながら資質や能力を伸ばしていける，そんな授業実践が増えることに少しでも役立てれば幸いです。そして，現代の子どもたちの健康寿命が延びていくことを願っています。

　最後になりましたが本書の編集にあたっては明治図書の木村悠様に大変お世話になりました。この場をお借りして感謝の意を伝えさせていただきます。

　2020年8月

石井 卓之

【執筆者一覧】

鈴木　直樹　東京学芸大学准教授
石井　卓之　帝京大学大学院准教授

濱田　敦志　松本大学准教授
鈴木　一成　愛知教育大学准教授
夏苅　崇嗣　明星小学校教諭
澤　祐一郎　杉並区立天沼小学校主任教諭
花坂　未来　中野区立江原小学校主任教諭
河本　岳哉　北海道教育大学附属札幌小学校教諭
村上　雅之　札幌市立北九条小学校教諭
浅野　純子　札幌市立二条小学校教諭
和氣　拓巳　狭山市立柏原小学校教諭
神崎　芳明　千葉市立高洲小学校教諭
古木　善行　千葉市立大森小学校教諭
大塚　　圭　鴻巣市立赤見台第一小学校教諭
松田　綾子　廿日市市立四季が丘小学校教諭
野村　麻衣　坂町立横浜小学校教諭
石井　幸司　江戸川区立新田小学校主幹教諭
福井　佑太　東村山市立野火止小学校主任教諭
堀河　健吾　杉並区立杉並第一小学校主任教諭
柄澤　　周　国分寺市立第七小学校指導教諭
仁木　拓雄　国分寺市立第七小学校主任教諭
小野　光典　国分寺市立第七小学校主幹教諭

【編著者紹介】

鈴木　直樹（すずき　なおき）

公立小学校に９年間勤務。在職中に，大学院派遣教員として，上越教育大学大学院で学び，2003年３月に修士課程を修了。その後，東京学芸大学大学院連合学校教育学研究科（博士課程）に進学し，2007年３月に修了（博士（教育学））。2004年３月から2009年９月まで埼玉大学，2009年より東京学芸大学に勤務している。2008年には米国のニューヨーク州立大学コートランド校，2017年には豪州のメルボルン大学で客員研究員として国際共同研究に取り組んだ。体育における学習評価の研究を中心にしながら，体育教師教育の研究，社会構成主義の考え方に基づく体育の授業づくり研究，体育におけるICTの活用や遠隔体育に関する研究に学校教員や企業と連携して取り組んでいる。

石井　卓之（いしい　たかゆき）

東京都公立小学校教諭を経て，その後東大和市，東京都教職員研修センターの指導主事及び西東京市の統括指導主事を歴任する。東大和市教育委員会の指導室長の後，港区立小学校の２校において，校長・統括校長を務める。全国連合小学校長会の健全育成委員長や港区小学校長会会長など，国や都，区の教育行政をふまえた先進的な学校経営を進めてきた。後進の指導にも取り組み，体育科においては，東京都研究開発委員会委員長，東京都小学校体育研究会副会長として体育授業の改善を推進した。2020年４月より現職。大学に隣接している帝京大学小学校の校長も兼務している。

体育科授業サポートBOOKS

全領域の学習プリント&学習カードを収録
主体的・対話的で深い学びをつくる！
教師と子どものための体育の「教科書」　高学年

2020年９月初版第１刷刊　Ⓒ編著者　鈴　木　直　樹

石　井　卓　之

発行者　藤　原　光　政

発行所　明治図書出版株式会社
http://www.meijitosho.co.jp
（企画）木村　悠（校正）川上　萌
〒114-0023　東京都北区滝野川7-46-1
振替00160-5-151318　電話03(5907)6703
ご注文窓口　電話03(5907)6668

＊検印省略　　　　組版所　藤　原　印　刷　株　式　会　社

本書の無断コピーは，著作権・出版権にふれます。ご注意ください。
教材部分は，学校の授業過程での使用に限り，複製することができます。

Printed in Japan　　　　　　　　ISBN978-4-18-389120-4

もれなくクーポンがもらえる！読者アンケートはこちらから　→